JN410264

만인시인선·58

영천아리랑

이중기 시집

영천아리랑

만인사

시인의 말

지난 몇 년간, 느닷없는 복병들이 몇 번 뒤통수를 치고 갔다. 애써 태연한 척 살았다. 밭에서 돌아오면 뒷방에 처박혀 수많은 영천사람들을 불러보았다. 그것밖에, 달리 할 일이 없었다.

상상과 주관을 배제하려고 애썼다. 부끄럽지만, 그게 이것이다. 누군가가 알고 있는 사실과 다르다고 말하는 부분이 있다면 그건 내 상상이나 주관이 개입된 탓이 아니라 빛바랜 세월로 인한 굴절현상 때문일 것이다.

영천을 살아냈거나, 살아내고 있는 모든 사람들에게 이 시집을 바친다.

2016년 여름

차 례

2. 밥 퍼라

3. 금호장군 삼세판

차 례

4. 서북가랑잎

5. 말죽거리 변천사

차 례

1

분노면서 슬픔이었던

노계 봐라

바람 한 점 없이 숨 콱 막히는 들판에서
한 삼년, 불땀 흘리지 않았다면
생말등에 앉아 건들건들
이 강산 낙화유수 표절하지 말거라

노계蘆溪 봐라
삶도 시도 몸으로 했다
풍경을 착취하면 시는 넝마가 되는 것,
목 붉은 꿩고기도 잘 익은 술도 없이
밭 갈 소 구하러 갔다가 빈손으로 돌아오는 밤,
초라한 풍채에 개가 짖었다는 「누항사陋巷詞」 봐라
그 한탄, 서정시에 대한 경고로 읽었다

키 낮은 상형문자 봉분들 한려閑麗처럼 떠있는
대랑산大朗山 기슭 노계 무덤 봐라
거기 달랑 난쟁이 빗돌 하나,
후손들 염소고집 염치가 맑고 또 곱다
봉인된 그 무엇 마구 터트리지 못해 삐죽이는
삐꾹채 앙다문 슬픔 위로 목 붉은 장끼울음 깔린다

억수 무덤

기룡산騎龍山 용트림 낙락장송으로 병풍 친
어느 문중 산소 아흔아홉 풍광 압권은 따로 있다
일찍이 내가 노래하다말고 그 악보 찢어버렸던
시총詩塚 아래
노비, 억수 무덤 있다
홍진에 죽은 아이 애장터 만한
거기, '충노억수지묘'라고 새긴 빗돌이 생뚱맞다
한심한 임금 몽진할 때 영천성 탈환하고
경주성 되찾으러 간 의병 몸종으로 따라 간
노비 시신 애써 거두어 왔다는 사실 압권이다
시신 아예 찾지 못한 의병장 아들 정의번鄭宜藩은
입던 옷 들고 가 초혼하고
여기저기 글 받아 묻은 시총 아래
억수 무덤,
사백 년 지나 조악한 빗돌 하나 세웠다
억수는 그 문중 놋쇠술잔에 큰절도 받을까?
무엇보다 그거, 억수 무덤 맞아?

임고서원에서

노계 무덤에서 내려와 억수 무덤으로 가는 길이었다
육백 년된 은행나무만 보고 간다는 것이
예정에 없던 임고서원 덜컥 들어가
민가 헐어내고 지은 고루거각들 둘러보다말고
사십년 만에 옛집으로 돌아온 길동무는 탄식이 길었다

이 무슨 표절인가, 조악해서 품위조차 없구나
그 애송이놈 방원이가 품은 뜻이야 갸륵하나 의심했고
정도전 꿍꿍이쯤 긍휼하게 바라보고 말았거늘
썩은 왕조 기둥노릇 끝내 고집한
어디 포은圃隱에게 이따위 허장성세가 있었더란 말인가

그때 문득 초라한 노계 무덤이 떠올랐다
유림도 지방정부도 포은과 견주어 서자 취급해버린
속엣말이야 다 뱉지 못했으나
노계, 그 이름 어느 품계석 아래 세워야 하겠는가
말발굽소리 몰고 달려오는 저물 무렵

탐라순력도耽羅巡歷圖를 탐하다

병와甁窩 이형상李衡祥이
제주목사 임기 마치고 한양으로 돌아갈 때,
제주읍성 군사시설과 풍물들 그린
마흔 폭 탐라순력도 슬쩍 갖고 와버렸다

한양길 버리고 낯선 땅에 터 잡았다
남쪽 읍성邑城 성곽 삼았던 청계석벽 위
거기에 호연정皓然亭 짓고
성고구곡城皐九曲* 여울지게 한 영천강
삼곡三曲,
거북바위 위쪽에 탐라순력도 있었다

대구 살던 후손 하나,
탐라순력도 슬쩍해서 제주도로 가져가버렸다
마침내 탐라순력도 돌아왔다고 제주도가 환호할 때,
기증이 아니라 장물매매였으니
그걸 내놓으라고
영천향토사연구회가 제주시청 가서 시위할 때,

그 후손 대구에서 노래방 개업했을 때,
인민혁명당재건위원회 일로 8년 콩밥 먹다 나온
흰수염 이재형이 말했다

백번, 이형상 그 양반 잘못이다
그 물건 본디 나라 것이니
있던 자리로 돌려보내는 게 세상염치 아닌가

---

*병와 이형상이 1702년 영천 남쪽 읍성 아래로 흐르는 영천강 절경을 읊은 뱃노래. 범월병泛月屛, 서운암棲雲巖, 하수구下水龜, 만세정晩洗頂, 야연층惹烟層, 적파선寂波禪, 정부장鼎扶莊, 사박협沙搏峽, 청통사淸通社로 이루어져 있다.

백신애

생은 짧고 격렬했다, 참 맹랑한 방랑자
작정하면 뭣 하나 저어하지 못했다
다혈질에 거친 문장, 영천사투리
고독한 아만,
눈 하나 파내버린 조선화가 최북 빼다 박았다

긴 머리칼 댕강 잘라 버리고
조선여성동우회와 경성여성청년동맹 상무위원이었던
열아홉 살 가을은 찬란했다
웅기에서 우라지오스톡으로 밀항, 성공이었다
가슴 벅찬 뱃전에서 냅다 뛰어 엉덩방아 찧고 말았는데
아뿔싸, 눈앞에 총검이 번쩍했다
일본첩자로 끌려가 한 달,
게페우 극동본부 철창에 갇혔다가 추방당했다
두만강 풀숲에서 들똥* 누며 기다리다
쿠세레야 김,
가짜여권 손에 쥐자 열아홉 살 가을 저물고 있었다
갔다, 기어이 가버린 우라지오스톡

파벌싸움 끝에 사회주의 희망버리고
시베리아 눈보라벌판 유랑과 방랑 거침없었다

서른하나, 몸에 병이 깃들자
남편이란 굴레 벗어던지고 또 길 떠났다
스무 시간쯤이야 예사로 고문하는 위통 끌안고
칭다오와 상하이로 떠돌다오니 췌장암,
라듐치료 받다가
백석과 백철이 와서 문단삼백文壇三白이었던
경성제국대학병원 13호실에서
자살 시도 몇 번, 몸뚱이 냅다 차버렸다

와전에 오류와 오해만 난바다였다
생애도 작품도 애꾸였다

---

*「나의 시베리아 방랑기」에서 가져오다.

안평원安平原

꽃마리 뽀리뱅이 콩다닥냉이처럼 이 낯선 이름은
《신소년》과 《별건곤》 투고문단 출신으로
얼굴 없는 작가, 생몰연대도 알 수 없다
지사리꾼이 못된 소작인과 그 아이들 고난을 그려
방정환 이후 계급주의문학으로
냉큼 점령해버린 30년대 카프계열이었으나
1934년 이후 문단에서 사라지고 말았다
떠도는 몸이라 연락 못해 여러 벗들 소식 궁금하다는
1929년 《신소년》 4월호 '담화실' 글로 보아
금광이나 채석장 혹은 벌목장으로 떠돈 유랑자여서
강호에 얼굴 내민 적 없는 은자로 생각했는데
어디에 무덤이라도 남겼을까
울릉도향 한 가마쯤 살라 그 영혼 불러보고 싶었는데
아뿔싸, 본명 준식俊植
어린이잡지 《별나라》 편집에 관여했다니
조선어린이날 중앙준비회 위원이었다가
해방 서울 어린이날준비위원회 위원장이었다니
그렇게 감쪽같았다니

백학학원白鶴學院

살점 죄다 발겨 내버린 소대가리 형상이다
비산비야非山非野 저 참혹한 폐허
무슨 1인 시위가 저다지도 지독한가

식민지 영천 인재 길러냈던 곳,
젊은 청년 하나 와서 마침내 가야 할 길 배우고
강철무지개로 광야에서 육사陸史 우뚝했으니
의열단간부학교로 따라간 백학학원 출신
넷,
그들 생은 폐허였으나 아름다웠다

백학학원 기둥과 대들보가 걸친 넝마 좀 봐라
모진 고문 받아내던 육사 형용이다
북경감옥 형장에서 눈가리개 거부한 채
열네 자루가 발사한 일제日帝 총알 다 받아낸 이원대
가슴팍이다

분노면서 슬픔이었던

이활, 이원록으로 된 육사 심문조서 보면
가족 명단에 제수씨와 조카들 다 있어도
아내 안일양安一陽이 없다
그는 열일곱에 영천 오산 마을에 장가들고
처가에서 시오리길 백학학원 다녔으나
십년 후, 한사코 안일양 아내로 인정하지 않은 채
장인에게 두루마리 편지 보냈다
—그 더러운 피 섞인 딸, 데려 가시오

육사 처남 안병철安炳喆,
자형이 중외일보지국 개설 문제로 만주 봉천 갈 때,
거기 가 취직이나 해볼 요량으로 따라 나섰다가
덜컥, 윤세주 만나 의열단간부학교로 갔다
그때 이름 서가중徐嘉中,
졸업하자 대원모집 지령 받고 돌아와
고향 후배 이원대 이진영 서만성 발굴해서 보낸 뒤
느닷없이 솔가해 어딘가로 사라져버렸다

처남, 안병철 가벼운 입 때문에
의열단간부학교 동기생 셋이나 잡혀갔다며
육사는 처남 귀싸대기 갈겨버리고 의절했다
고문에 못 이겨 실토하고 말았으니
조선 땅 딛고 조선 하늘 우러러 볼 면목이 없어
하얼빈으로 떠났다고 생질녀*는 말하지만
세상은 그를 자수한 사람,
만주 봉천으로 도망간 것으로 알고 있다

육사는 처남 귀싸대기 후려칠 때,
자수해서 자백해버린 배신자로 단정한 것 아니겠는가
3만 영천농민조합 결성할 때 화북면 책임자였다가
남북전쟁 코앞에서 검거된 남로당 프락치
민중동맹 안병철,
육사 분노면서 슬픔이었던

---

*육사의 딸 옥비沃非 여사는 안병철 동생이 봉천에 살았다고 증언했다.

영천부엉이

열여섯에 길 떠난 영천부엉이 스물다섯이었다
오백년 저쪽에서 무너진 나라 흔적 붙잡고
망한 조선 설움 왈칵, 왈칵 건드려버린
영천소쩍새 울음 「황성荒城의 적跡」*은
먼 북방 달빛에서 찾아낸 거친 삼베올이었다
식민지 30년대에 눈물과 웃음 번갈아 입혀주었던
유랑자, 영천소쩍새

제 이름 다 외기는 했을까
편월 청천 남강월 남풍월 일지영 이백수 이호 이대객 이소백 이상투 주대명……
포리도루레코드사 문예부장 왕평은
영천사람 이응호李應浩,
마른 쑥대에 눈보라 치는 북방
유랑 천리 만주길,
만담가 나품심羅品心 뜨겁게 품었을 때
귀밑머리 쓰다듬어 맹서하지 않았다
고향은 너무 멀었다

호적 버린지 까마득, 그냥 동거부부로 살았다
밤마다 기적소리 뱃고동이 베갯잇 적셨다

그 30년대 저물고 인연 다하였는가
나품심은 경성에 있고 영천뻐꾸기 북방 떠돌다
강계, 연극무대에서 스러졌다
한 사람 죽어서 남으로 가고, 한 사람은 살아 북으로 간
평양역에서 삶과 주검이 뜨겁게 만나 화장火葬,
대처승 아비 사는 청송 파천으로 갔다
목구멍에 낀 소까지불 그을음
돼지비계 듬성듬성 성걸러 한번 닦아내지도 못한
식민지 조선 쇠부엉이요 소쩍새요 뻐꾸기였던

*「황성 옛터」 본래 제목.

북으로 간 시인

현대문학사에서 자유시 창작시집 발간 순서로 따지면
예순여섯 번째쯤 자리에 놓일
정희준 시집 『흐린 날의 고민』은 족보에 없다
그는 스물셋 이후 조선말큰사전 편찬원으로 일했고
해방 공간에는 영천에서 문예공연단 조직해 동네연극 연출이나 하면서
임고면 인민위원장인 아버지 등 뒤에서 거들다가
시월항쟁 진압될 때 고향 떠나버렸다
전쟁 전에 『조선고어사전』 펴내고
여기저기 글 몇 편 남겨둔 채 흔적 없이 사라졌다
김성칠이 전쟁 그해 12월 2일 일기*에서 친구 이름 불러보았으니
그도 북으로 간 지식인 대열에 합류했던 것,
시인이나 학자로도 그 이름 북에서는 찾을 수 없는
어느 해, 간신히 찾아낸 옛집 위채 아래채 주춧돌은 이끼도 없이 말끔했는데
열촌 아우가 펼쳐주는 족보에 뚜렷하게 남은
청풍김씨 부인과 두 아들은 일본으로 가버렸고

문중이 양자로 앉힌 사내는 변변찮아 혼자라고 했다
일제 면장 이십 년에도 그곳 인민위원장으로 추대된
아비 전력이 가족들을 극동아시아 여기저기에 흩어버
린 것이었다
훼손된 국립중앙도서관 소장본보다 완벽하게 보존된
『흐린 날의 고민』 그 집안에서 빌려 읽으며
몇몇 후학들이 이름 대신 북으로 간 시인이라 불렀다
글 어디에서도 주의자 냄새 풍기지 않은
그 중도파 등짝 북쪽으로 민 이유가 아무래도 만져지
지 않았다
그는 정녕 물집 잡힌 발바닥으로 사무치게 평양 땅
밟기라도 했던 것일까

---

*『역사 앞에서』

김성칠

육촌동생 김희준 도움으로 간신히 찾았다
무덤 위 팔뚝만한 아카시 폐허 걷어내자
그가 썼던 일기 『역사 앞에서』 들고
후학, 신경림과 이호철이 너무 늦은 문상을 왔다
그 뒤 한 십 년 까맣게 잊고 말았는데
드문드문, 먼 데 사람들이 와서 자꾸 등 밀었다
아직 힘 좀 남아 있는 김희준 옹 찾아가
광산김씨 선영 산소 약도 들고 나오게 했다
철로변 석물공장 뒷마당 돌 한 덩이 자꾸 눈에 밟혔다
현대사는 적산가옥 뒷골목에 파묻어놓고
양반 자랑하는 조선기왓장 낭만이나 뜯고 있는
영천향토사연구회 옆구리 찔러보았다
무덤 위에 앉은 육십 년 이끼,
나무그늘 걷어내고 돌 하나 갖다놓은 뒤
어느 해, 주과포 들고 찾아가니 무덤이 없어졌다
자식들이 파묘해 유골은 서울로 가져갔다는 것이었다
옹당못 위로 허전해진 광산김씨 선영 솔수펑에서
장끼 몇 마리 푸하하하 튀어 올랐다

짝패

외팔이 애비가 외다리 아들 업고 외나무다리 건너가고 있었다*

비닐봉다리 없던 남북전쟁 때 볏짚 두 가닥으로 묶은 고등어 한손 비린내도 썩 좋은 외나무다리 위 의지가지여

서울 사람들이 몰려와 남쪽 영천강 바라보면서 영천에서만 가질 수 있는 그 외나무다리 왜 관광상품으로 만들지 않느냐고, 이런 동네가 고향인 「수난이대」 작가가 참 불쌍하다고 말하는 어느 날이었다

*하근찬의 「수난이대」 마지막 장면.

우얄래

등단하자 마흔둘, 머리에 납작모자 얹고
상아파이프 삐딱하게 물었다
짧게 콧수염이라도 키웠으면 좋았을
말더듬이 시인, 이한호
그는 양복 안주머니 이쪽저쪽에
늘, 누런 봉투 하나씩 넣고 다녔다
봉투마다 손가락 벨 듯 빳빳한 만원짜리 지폐
백 장, 묵직했다
영천에서 현금 제일 많이 만진다는 영감님
장자다웠다, 너털웃음이 장자다웠다
읍사무소 건너 나그네다방에 죽치고 앉아
스무남 살짜리 문학청년들 불러
상아파이프에 담뱃가루 연신 갈아 넣으며
원고지마다 붉은 줄 좍좍 그어버리고
우얄래?
이쪽 주머니든 저쪽 주머니든
손가락만 넣어 집히는 대로 꺼내
아나, 술값 해라

오만 원도 되고 팔만 원도 되었던
여겼다, 밥이나 묵고 가거라
니 니 니, 니는 마 말이다, 말더듬이 시인
문단 주소는 영천읍 완산동 160번지
농장 경영이라고 썼지만,
잠자리는 늘 대구 부인 옆이었고
농장은 늙은 아버지와 본부인이 지켰다
1979년 호화양장 첫 시집 『우얄래』가 나오자
파카만년필로 세로쓰기 한문 서명 일품이었더니
슬금슬금 문단정치하면서
시인을 관冠으로 삼는 사람들 쪽으로 옮겨갔다
땀 흘려 밥 한 그릇 구해보지 못한 시인

흰 턱수염 폭포 한 채

저 남방식 고인돌은 돌빼기마을 솟을대문이면서
한 문학평론가 유택으로 이어진 미로 복사꽃 이정표이기도 하지만
달빛몽돌* 요람에서 무덤까지 연보인 것,
그 고인돌 북쪽,
붉은 장송 여럿 멀뚱하게 세워놓은
슬하,
거기, 가끔 몰골이 다른 여자들 출몰한다는
풍문이 있다
검은 콧수염 아래 흰 턱수염 폭포 한 채 걸어놓았던 사내,
몇몇 여자들 무진이면서 무진의 안개였던
그는 미문의 문학평론가,
사방으로 복사꽃병풍 빙 둘러버리자
그가 떨어트리고 간 여자들 발뒤꿈치 들고 온다는
풍문, 유쾌하다
그 여자들 서로에게 염문 들키지 않고 번차례로 와
면 사내,

찬 발 주무르며 울먹였을 것이다

그런 어느 때였다
남편 무덤 앞에 펑퍼져 앉은 여자시인 등짝을
아내는 오래 물끄러미 바라본 적이 있었다

---

*김양헌 호.

짐망朕望

경卿은 화천華泉의 물을 아는가, 나는 바라노라
을사늑약 후 고종황제 밀조密詔 받아든
정환직鄭煥直은 아들 불러 의병 일으키라 이른 뒤
군자금 칠만 냥으로 총 오백 자루 구하라고
청나라 사람 왕심정 상하이로 보냈다
임진년에 영천이 창의정용군倡義精勇軍 일으켰듯
아들 용기 산남의진山南義陣 결성해
서울진공작전 펼치러 북상하다가
왜군 역습받아 참변 당하자
정환직은 달려가 아들 자리 이어받았다
곳곳에서 싸워 나아가고 물러섰으나
탄약 없었다, 총알 아예 없었다
꼼짝없이 잡혀 절명시 한 편 남기고
압송길 추평楸坪*에서 황급하게 총살당하고 말았다
의리가 무거우니 죽음은 오히려 가볍구나**

---

*영천시내 남쪽 주남들(周南坪, 朱南坪)
**정환직이 쓴 절명시 마지막 구절

2

밥 퍼라

추궁

어떤 유부남과 열여덟 생 마구 탕진하다 덜미 잡혀 끌려온 처녀의 화장기 지워진 몰골 바라본 적이 있었다 푸른 문양 선연하던 왼쪽 뺨과 단이 터진 월남치마 사이로 드러난 허벅지 아랑곳 않고 처녀는 몽둥이 든 외숙들 추궁 봉곳한 아랫배로 당당하게 받아내고 있었다

모계사회

현비유인하양허씨신위顯妣孺人河陽許氏神位 아래

말라깽이 구具가 분향하고 첫 잔 올렸다
아헌은 땅딸보 황黃,
마지막 잔은 키다리 현玄 몫,
무축단잔無祝單盞이고 첨작이 무슨 소용이겠는가
술 석 잔이면 됐다, 제사 끝났다

세 가문이 한 어머니 제사 거룩하게 모시는
여기, 이 모계사회 참 다복하다

전쟁 첫 해부터
사별 혹은 이별한 사내들이 남기고 갔으니
한 배에서 났으나 종種이 다른
삼형제

해마다 돌아가며 제사 모시는 구, 황, 현 삼형제
외탁이라 모양도 제법 닮았다

큰절! 받을만하다

해 뜬다

차렷! 받들어 큰절, 올렸다
피 철철 흘리며 무한천공 자궁 빠져나오는 첫 새끼
첫 울음 아래
가부좌 틀고 앉은 노파,
먼 시원

그 앞에
산지사방 뻗어간 넝쿨들 죄 돌아와 도열하니
삼대에 걸쳐 올망졸망 쉰일곱 남녀노소,
그 보리문둥이들 차렷! 받들어
큰절! 받을만하다

오늘 아침 마침내 백, 살이다

리부嫠婦 김정희

달포쯤, 생이 부끄러웠던 여자는
집게손가락 깨물어 무명천에 대한독립만세라고 썼다
그 깃발 높이 들고 읍내 거리로 뛰쳐나갔다
멈칫, 하던 여자들
주춤, 하던 남자들이 하나둘 따라붙더니
노루꼬리 대열에 만세 물결 졸졸 흘렀다
기미년, 너무 늦은 사월 중순이었다

어떤 놈이 그 불령선인 체포하고 말았는데
아이구야, 남동생 김진태였다
파리 날리던 영천경찰서 왜놈순사들
그래 네 이년, 잘 만났다
히죽거리며 여자 웃통 벗겨 가죽채로 때리다가
콧구멍에 고춧가루 탄 물 들이부을 때
순사 김진태는 명령에 따라 부동자세로 지켜보았다

이놈들아, 진정 고문 받을 인간은 저놈이다
네 이 더러운 앞잡이놈아

동생 얼굴에다 각혈 한 모금 뱉어버린
스물네 살 과부 김정희
대구형무소에서 징역 여덟 달, 너무 길었다

1923년 《개벽》 9월호는
「일선융화日鮮融和에 발광된 영천쉬倅」에서 이렇게 썼다

사해가 정비鼎沸와 가튼 속에서도 겨우 일개 무부嫠婦* 의 독창에 그친 만세운동 성적도 가장 불량한 곳은 영천군이 아니고 어듸이냐?**

*"무부嫠婦"는 '리부釐婦'의 오식일 수 있다는 견해가 있다(이종문 계명대학교 한문학과 교수). '리부釐婦'는 과부를 뜻하는 북한말

**이 문장에서는 남발된 조사 '의'를 두 군데 삭제했다.

연아총臙娥塚

신돈에게 쫓긴 이집李集이
개성에서 아비 업고 먼 길 도망, 영천 와서
친구 원도元道 다락방으로 숨어들었다
넝마 같은 아비, 서럽게 벗어버렸다

그날, 친구 이집이 거지꼴로 찾아갔을 때
생일잔치 술잔 거만하게 받고 있던 최원도는
대번에 종복 불러 역적이라 소리쳐 쫓아버리고
잠시 걸터앉았던 사랑마루도 뜯어내 불질러버린 뒤
그 소문 온 고을에 퍼지도록 해놓고
잔치 끝난 밤 더듬어 친구 이름 불러보았다

제비는 부엌데기 종이었다
밥상 들고 사랑으로 오는 제비에게 어느 날,
원도는 식욕이 동한다며 더 많은 밥과 반찬을 주문했다
꾹꾹 눌러 담은 태산고봉밥 독상 끙끙 나르다가
갸우뚱, 제비는 고개 또 갸우뚱하다가
문구멍으로 기어이 못 볼꼴 보고 말았다

웬 사람 둘이 다락에서 나와 밥 먹는 것이었다
이 사실은 주인마님도 몰랐던 일

원도 부인 앙살 한번 없이 몇 날 잠잠하더니
문지방에 혓바닥 얹어놓고 쾅, 문 닫아 벙어리가 되자
제비, 그만 목맸다고 전한다
그 제비 마을 어귀에 묻어주고 연아총이라 부르는
이 낭만 설화 허술한 구성이야 그렇다 치고
제비, 어떻게 죽었는지는 저마다 생각하기 나름

신여성 장순기

신랑이 병신이다
고함소리가 두 번 초례청 흔들어버리자
큰절하다 말고 신부는 고개 번쩍 쳐들었겠지요
찬물 잔뜩 뒤집어썼다가 술렁거리는
초례청 분위기 신부가 냉큼 거두어버렸지요
얼굴에 가득했던 부끄러움 싹 지워버린 신부
순기는 족두리 벗어 쥔 채로
성큼성큼 사모관대 사내 앞으로 걸어가
어디가 불구인지는 제 알바 아니오나
그걸 속이고 장가온 건 참 염치없는 일이겠지요
당신에게 이 몸 허락해 일생 망칠 순 없고
만약에 제가 시집간다 할지라도
당신 가정에 불평 없을 수 없는 일이니
돌아가 같은 처지 사람 구하는 게 좋겠습니다
말 마친 순기는 사내가 무슨 변명이라도 있을까 싶어
잠시 틈을 주었으나 영 말이 없었고
상객上客 정 진사만 양반 혼사에 이럴 순 없다고
땀 뻘뻘 흘리며 애 아가, 아가, 회유했지만

그쪽 가문에 시집가야 할 이유 찾지 못했소이다
부모 명령이 만능인 시대는 갔으니
그만 살펴 가시지요
허물 벗듯 원삼족두리 벗어놓고 방에 들어가 버리자
하객들은 벌린 입 다물지 못했지요
영덕군 병곡면에 장가 들러 갔던
영천군 자양면 정 진사 벙어리 손자
초례청에서 신부 절 받다말고 내소박맞았지요
양반 체면 구겨버린 염소수염 정 진사
벙어리 손자 데리고 동구 밖으로 사라지자
논 다섯 마지기에 소 한 마리 놓쳐버린 순기아버지
네 이년, 네 이 망할 년
딸년 머리채야 못 잡고 초가기둥에 도끼질했지요
1928년 식민지 조선 열여섯 처녀
촌년 장순기는 어깨 너머로 언문 깨쳐서
밭만 매는 처지에도 《신녀성》으로 세상도 읽어
글 배우러 오는 아이들 꼬드겨 혼사 깨트려버렸지요

염정선

아이 못 낳자 쫓겨났던 여자는
아홉 살 많은 얼금뱅이 홀아비에게로 갔다
전쟁 끝나자 여자 혼자 살아남았다
여기저기, 자갈밭 일궈 만든 능금밭을 노렸나
숱한 사내들이 얼쩡거렸다
그때, 순둥이 옛날 남편이 문득 떠올라
친정 동생 편에 기별 넣어보았다
아들 둘 낳고 가난했던 남자,
그 여자 집에 딸린 능금농사 지으며
다시 살을 섞었다
아웅다웅, 세 해째 농사 시작되면서
두 아들 끌고 아내가 능금밭 집으로 왔을 때
그 여자, 사내 아내 극진히 섬겨
둘째부인 노릇 착실하다 먼저 죽더니
병풍 아래 앉아 젯밥 한번 받지 못했다
돔배기 장사치 염정선 남동생이
누님 첫제사 사흘 뒤 능금밭 반환소송해버리자
사라호 태풍이 싹 쓸고 가버렸다

야산대 아내

이쪽저쪽에서 박구채로 맞아죽은 천석꾼 며느리
스물한 살 서분선
캄캄 저문 반란세상 발로 차버리고
팔공산 동쪽 은해사가 숨겨놓은 규방,
백흥암 갔다
아랫배 쑥 내민 여자,
낯선 여자 편에 보낸 전갈만 믿고
에덴의 서쪽으로 가버린 사내 만나러 갔다
열흘 가고 한 달이 흘러 해동되도록
감히 세상에게 대든 죄로 멸문을 부른
그 사내 영영 오지 않았다
배 불룩한 여자,
때 묻은 금비녀 빼내 허공에 걸어놓고
머리칼 댕강 잘라버렸다
빈 쌀독 두드리며 백흥암 벙어리목탁 으앙, 울어버린
그해 봄날,
병풍바위 아래로 몸 던져버리지 못했다

그믐오리

청둥오리 한 마리 잡아
싸리울바자에 걸쳐놓고 잠시 뒷간 간 사이
그걸 담 너머 보고 후다닥 달려온 재종숙 신달복 씨
오리 혓바닥 냉큼 뽑아 뒤란으로 가버렸다

시부적시부적 털 뜯어낸 뒤에
어린애 경기驚氣에 좋다는 그걸 뽑아내려고
청둥오리 주둥이 벌려 한참이나 들여다보다가
어라, 재종질이 그만 뜨악해져서
거참 희한한 일이네, 하고 구시렁거리자
신달복 씨, 시침 뚝 떼고 앉아 능청스럽게
와 그카노?
이 오리, 혀가 없는데요
예끼, 그믐오리에 무슨 혓바닥이 있노
보름오리라야 그거라도 있지

뒤란 매화나무 가시에 꽂혀 꾸들꾸들 마르고 있을
그 그믐오리 혓바닥

길복이 집사람

소장수 불러 노름판 뒷전에 앉혀놓고
큰 소 한 마리 날려버리자
나란히 집에 가 우사에서 한 놈 찍어준 뒤
늙은 길복이는 빈 지게 지고 슬그머니 사라져버렸다
변소 앉았다가 소 기척에 놀란 길복이 집사람,
몸뻬 다 못 올린 채 냉큼 뛰어가
소이까리로 목 감아버린 뒤
동네사람 다 나오라고 고래고함 질러댔다
소이까리 놓자니 소장수는 빌려준 돈이 억울했고
도망 가자니 소도둑놈으로 몰릴 판이어서
엉겁결에 여자 입 틀어막는다는 게
동네사람들에게는 겁탈현장 지켜본 꼴이었다
목에 감긴 소이까리며 흰 엉덩이 드러낸 여자 형용에
소장수는 두 가지 죄 곱다시 덮어쓸 판이었는데
길복이가 노름판돈과 그 죄 맞바꿔주었다

밥 퍼라

제사 일곱 번에 명절 두 번, 한 해 아홉 차례
지방에 축문 써서 도포와 유건 챙겨들고
포항에서 영천, 8대 주손胄孫 집으로 반드시 간다
기어이 가서 새벽 한 시 반에
메 올려라,
한 소리하고 평발로 어슬렁어슬렁 마루에 나와
조율이시가 아니라 조율시이로 검열하고
밤은 오각형으로 깎았는지 확인하는
그 양반, 영일만 호랑이
조카내외 꿇앉혀 시부적시부적 음복술잔 비워내며
새벽 네 시까지 했던 소리 또 하고 했던 소리 또 하는
그는 여든셋에도 꼬장꼬장해서
뒷방 늙은이 거부하는 대원위처럼 몽니 부렸다
주손은 쇠락한 문중 종복으로 붙잡혀
한번, 흔연하게 웃어본 적 없이 예순이다

평생 조상이 종교였던 사람,
그 양반 여든넷에 수술하고 걷지 못해

이번 설 차례는 참례하지 못한다고 연락왔는데
설날 아침 아들 편에 봉투 하나 보내왔다
또 무슨 문중일 전갈인가 싶어
주손은 흰 봉투 커다랗게 열어보았더니
거기, 한지에 종서로 써내려간
현고조고처사부군신위顯高祖考處士府君神位부터
사대위四代位 지방 넉 장 들어 있었다
주손은 말벌에게 한 방 된통 쏘인 느낌이었다가
제가 쓴 지방 북북 찢으며 소리쳤다
밥 퍼라!
사촌이 그 소리 중간에서 받아 부엌으로 날라주었다
형수님, 메 지으소

열녀 문진택

화산면 연계동 김춘백 씨 맏며느리
문진택文眞澤,
남편 김석순이 문둥병에 걸리자
병 고쳐주는 사람에게 자기 생명 맡기겠다고
소문, 널리 퍼트렸다
어느 날 한 노인이 지팡이 짚고 찾아와
그 병에는 사람고기가 제일 영험하다고 일러주었다
화들짝 놀란 문진택 헛간으로 가
오른쪽 허벅지에 삼끈 질끈, 칭칭 동여 매놓고
칼끝, 눌러 그었다
길이 다섯 치,
넓이 두 치 닷 푼으로 도려낸
살점, 푹 삶았다
그 수육, 남편에게 먹였다

연계 마을 열아홉 살 열녀 기룬 사람 없다
미륵인데 돌미륵도 아닌 종이에 그린 그림미륵이었나

3

금호장군 삼세판

영천을 수정하다

잘 가는 말馬도 영천장터였고
못 가는 말도 영천장터거리였으니
영천장에 콩 팔러 간다는 오래된 말이 있었다
역둘리와 말죽거리에 거친 사내들 주먹질,
피난민들 설움까지 얹어서 지어준 별호가 거나했다
영천대말좆,
이 푸르고 싱싱한 날것이 참담했던 시인이여
되 좋고 말 좋아 영천장에 콩 팔러 간다는 옛말을
난데 사람들이 줄임말로 그렇게 불렀다고 우긴
그 엉터리 해석 수정하겠네
되도 말도 후했다는 영천장터여
영천강 북쪽 옛날 읍내
중앙선 없는 예전 28번 국도여
서문고개에서 촐랑촐랑 도수장골까지 그 누항陋巷,
잡곡 실은 우마차만 드나들며 은성했던 곳
거기, 단표누항簞瓢陋巷의 딸깍발이들에게 물어보라
'되' 좋고 '말'이 '좋'아 대말좆이었다고?

황달

죽장 가사리에서 지국총 지국총 노 저어오던
영천강 물살이 탕건바위 지나
조양각 밑에 와서는 유순해졌지요
장딴지만한 잉어들 어슬렁어슬렁 유랑하던
거기, 빨랫방망이소리 요란하던 1930년이었습니다
빨래하는 아낙 옆에서 콩나물 다듬고
양잿물 흘러가는 곳에서 미나리 상추 씻어먹던
읍내사람들 삼백 명 황달에 걸려버렸습니다
투망으로 잡은 은어 붕어회 먹은
왜놈순사 여섯도 눈알이 노랗게 변했지요
인구 13만에 의사 달랑 셋,
그것들도 모조리 왜놈 공의公醫였으니
인진쑥 찾아 나선 무리가 산에 들에 가득했지요
주막에서부터 요정까지 죄다 문 처닫아버리자
술도가 달구지 바퀴에 이끼가 한 자나 자란 어느 밤
건장한 술꾼들이 술도가로 몰려가
대문 앞에 서른 무더기 똥 싸놓고
황달 썩 물러가게 해달라고 빌었다지요
사실은 술도가 주인에게 보낸 야유였겠지만요

영천극장

영천극장에 대한 기록 한 줄 보이지 않고 우스갯소리로라도 구전 한 마디 전해지지 않는데, 동아일보 영천지국이 영천극장 앞으로 이전했다는 1934년 6월 11일 사고社告가 보여 영천이야기박물관 조규채 옹 묵은 기억 들춰본다 영천소학교 교사로 있는 작은오빠 만나러 왔던 무용가 최승희가 성화에 못 이겨 벌이도 없는 억지춤 한바탕 추고 갔다는 일제강점기 영천극장, 전쟁 때 군대가 징발해 의자란 의자 몽땅 땔감으로 써버리고 전선이 북상한 후 빈털터리 안재욱이 바닥에 가마니때기 깔아놓고 손님 받았다는 영천극장, 조갑환 씨가 사들여 정미소로 바꿔버리자 1954년에 홍임수가 마현산 자락에 현대식으로 세운 영천극장, 좁쌀권력과 건달패들 무료입장으로 객석 꽉꽉 채우다가 아카데미극장이 들어서자 나훈아 남진에게 열광한 처녀들 휘파람비명소리 그쪽으로 몰려가버린 뒤 폐허가 된 영천극장 그 둘레 앉은뱅이 동네, 세로쓰기 옛날 책처럼 완전 뒷전으로 밀려나 1920년대 조선 문장처럼 어색해진 향교 아래 커다랗게 고요한 십만 평 벽화

가죽조끼 입는 날

학고 교실마다 걸려 있는 천황 사진 떼서 불태우다가
신사神社에다 불 질러버린 일 실패하자
다시 시도했던 청년 열한 명 중에서
이영환 박만선 이상진 김영길 박기수가 잡혔다
동조했던 놈들 이름 다 밝히라고
왜놈순사들 길고 집요하게 고문했다
손가락 사이에 나무토막 끼워 비트는 가락틀기
머리 뒤로 내려뜨린 채 눕혀놓고 콧구멍에 고춧가루 탄 물 들이붓는 물먹이기
손마디마다 촛농 떨어뜨리는 눈물찌지기
두 손 뒤로 결박하고 거꾸로 들어올리는 낙하산 태우기
물에 불린 가죽조끼 입혀놓고 뜨거운 불 앞에 세워놓는 가죽조끼 입히기
그런 다섯 가지 고문 돌아가며 석 달이나 받았다
닷새마다 가죽조끼 입는 날 태산고봉 아침밥 주면서
한 순갈도 못 남기게 눈에 불 켜고 지켰다
천장에 매달린 밧줄로 두 손 묶고
두 발목도 묶어놓고

물먹어 퉁퉁 불은 가죽조끼 입은 채 불 앞에 세워졌다
가죽이 오므라들어 가슴과 옆구리와 등짝이 조이면서 속엣것이 꾸역꾸역 올라오고
불판 위 오징어처럼 사지가 뒤틀렸다
통구이처럼 몸이 빙글빙글 돌았다
눈알이 튀어나올 것 같으면서 창자가 입에 물린 기분이었으나
뱉지도 삼킬 수도 없는 몽롱한 상태에서 혼을 놓곤 했다
그 가죽조끼 실컷 입고도 입 안 열어
누군 4년, 누구는 5년인데 박만선만 7년 콩밥 받았다

빙천호氷川號

누군가는 꼰지발로도 능수능란한 시절이었다
어느 어문 인간이 붉은 꾀를 내놓자
들들 볶았다 탈탈 털었다 촘촘 엮었다
그렇게 모은 돈 영천군민 명목으로 보내
가미가제특공대가 몰고 갈 '영천호' 한 대 만들었다
그 비행기 길이 바빠 영천까지 오지 못하고
대문짝만하게 찍은 사진 몇 장만 전시했는데
'빙천호'라고 적혀있었다
영永을 빙氷으로 잘못 적은 사진 바라보면서
쌈짓돈 털린 사람들 입술에는 얼음이 풀려
신들번들 웃으며 빈정거렸다

가미가제특공대 군가 곧잘 불러대던 조진호 옹,
하마터면 그 빙천호 몰아
남태평양으로 날아가 미국 군함 위에 내리꽂힐 뻔했다
일본이 두 손 슬그머니 드는 바람에
가미가제특공대 군가만 다 배우고 돌아왔다

거룩한 국방헌금 이어달리기

중일전쟁 급박하게 돌아가던 때였다
지주 조담환曺聃煥이 영천경찰서장 찾아가
거금 천 원, 흔쾌히 헌납*하자

영천 최고 땅부자 가죽풍구 이인석李璘錫이
젊은 일본인 경찰서장 너털웃음 앞에다
이천 원, 국방헌금 쾌척**해버렸다

신녕면 지주 권태돈權泰敦 황급하게 군수실 들러
'경북호' 비행기 한 대 건조비용***천 원,
군청직원 박수소리 속에 내어놓았다

영천 인구 팔 할, 소작인들 등골 뽑은
그 구리알 같은 돈

---

*《동아일보》(1937. 8. 2)
**《동아일보》(1937. 8. 18)
***《동아일보》(1937. 9. 15)

기관총 헌납식

여기, 눈물겨운 두 형제 이야기도 있다
대동사大同社 영천지부장 심곤이沈坤伊와
그 아우 심말암沈末岩이
탈탈 털어 국방헌금 일천육백 원 내놓았다
그 돈으로 기관총 두 자루 구한 왜놈 경찰서장이
영천남부소학교 운동장에서 헌납식* 가졌다
관민유지들 이백에 소방조방호단과 국방부인회며
코흘리개아이들까지 수천 명이 모여
기관총 발사 시범에 환호작약했다
전쟁 때 포로수용소 부지로 징발당한 뒤
반백년이나 공병대가 차고앉아 돌려주지 않는다고
노구 이끌고 국방부에 시비 걸었던 심말암,
그 심씨 형제 기관총 두 자루 이야기
여든에 시드니로 살러간다는 현종인 옹이
소주 한 잔 아홉 번 나눠 마시며 들려준 이야기

---

*《동아일보》(1938. 9. 27)

굴총掘冢 사건

보현산 아래 신촌면 정각동 사는 박대근
급한 비탈길만 살아냈던 환갑짜리 째보 박대근
영양군 청기면 불혹짜리 김석진 불러
군위군 효령면 열아홉 살짜리 유영룡도 불러
가죽풍구 이인석 부친 무덤 파헤쳐
목만 댕강 잘라* 가버렸습니다
참새 방정처럼 여기저기 도래솔 가지에서 펄럭이는
협박장 다섯,
네 아비 목 찾으려거든
오천 원 가지고 오라는 것이었습니다
그 사건 귓속말로 들은 소작인과 가족들 오만 명
가죽풍구가 돈 물어주고 소작료 올릴까봐
근 한 달이나 밤잠 설쳤습니다
그해 9월 박대근 일당 붙잡혀 콩밥 먹으러 가자
영천사람들 오만 명, 두 다리 쭉 뻗쳤습니다

---

*《동아일보》 1927. 2. 26

한량의사 이덕진

의사생활 오래 하기로는 주석봉과 쌍벽이었다
삼척직업학교 나와 남쪽으로 피난,
아직 영천전투 총소리가 조양각 부연에 걸려 있을 때
영천강 청계석벽 위에 터 잡은 평인의원
남쪽 창에 주남들 풍경 일품으로 걸어놓고
맹장염이라면 화타가 와도 견줄만했다
눈 뿔시지 마라
영천사람들 다 그렇게 믿었다
주석봉이 발걸음을 제 집 마당에 묶어 두었다면
이덕진은 발랄한 새처럼 날아다니며
스무 살쯤 어린 여자라야 같이 놀아주었다
그는 고구려 수말 같아서
여든에도 소주 다섯 병, 예사였다
평생 맞수였던 주석봉 가고 아흔 살도 가고
영천강 북쪽 비석거리 부쩍 늙어버렸다
나이가 자꾸 몸을 앞질러 갔다
그가 가고 남문거리 한 모퉁이가 썩, 젊어졌다

백정 이송아지李松牙之

죽은 소 칼질해서 다 팔고 이튿날
백정, 이송아지 맞아죽었다
죽은 소 소개하며 반씩 나누자고 제안했던
양반, 이동영이 인간백정이었다
각지에서 몰려온 형평사 간부들이
군청 앞 질청마당에 퍼질러앉아 계급전쟁 선포했다
'사람' 죽인 거야 신문날 일 아니었으나
'백정' 죽인 건 문제되는 세상이었다
도포에 갓 쓴 백정들이 몰려나온 종로거리 시위 후
백정 박성춘이 관민공동회 시민대표 연설 이래
조선 오백 년 양반 기세 순 헛것이었다
동아일보가 이송아지 기사 쓰면서
그 이름 이송화李松華로 고쳐주었을 때,
백정들이 감히 제삿날 유세차 축문 읽을 때,
남조북정南曺北鄭* 도포짜리들
먼 산 바라보며 헛기침 한번 없었다

---

*남에는 창녕조씨, 북에는 연일정씨들이 많았다고 쓰인 말

의사 주석봉

일흔다섯 살 할마시가 와도 대번에 반말이다
그래, 이 나이에 어디가 아퍼서 왔노?
여든 살 노인이 와도 거침없었다
와? 꼬치가 안 서나? 그거는 나도 자신 없는데……
의사 주석봉은 노련한 여든여섯이었다
영천에서 그에게 따끈한 존댓말 받아 자신 분 없다
삼대가 거길 다녀도 아이들만 대접받았다
그는 아이들 앞에서만 겸손해진다
어이고, 어디가 편찮어서 여기까지 출타했는기요?
열이 이래 많어서야 어디 꼬치가 잘 여물겠나
봐라, 이 어른 꼬치 잘 여무는 약 하나 갖다드려라
간호사가 와서 알사탕 입에 넣어주었다
간혹 젖꼭지에 청진기 들이댄다는 앙탈도 있었지만
영천이 보증하는 그는 유쾌 상쾌 통쾌였지만
스크루우지 닮아 짠물이었다
접수부 진료기록부 애오라지 광고지 뒷면뿐이다
그는 역사학자 김성칠 사망진단서 끊어준 사람이어서
살해범이 궁금한 나는 세 번이나 찾아갔다가

판판이 쌍욕 얻어먹고 쫓겨났지만 한 번 더 갔다
나이 팔십에 몸 아픈 걸 나무라던 의사 주석봉
김성칠 사망 이유 알고 있는 사람들 다 죽어버렸는데
그가 함구령 해제 결재 안 해주고 가버려
요즘 내 입이 조금 신중해졌다

금호장군琴湖將軍 삼세판

1

누구? 자유당 깡패, 아편쟁이 아들 그 김상도 말이가?
내 잘은 몰라도 그 양반 쪼매 알지
학력이라면 국민핵교 오학년도 다 못 채웠으나
유도 삼단에다 씨름이라면 천하무적이었어
시라소니 이성순이가 형님으로 모셨고
정치깡패 임화수와 의형제 맺은 뒤
영천 오면 이승만 양아들 자처하고 다녔제
썩은 자유당 감찰부장에 징계자격분과위원장이었다가
혁명재판에서 징역 십 년이나 받았제
거 와, 민주당 정대철 아버지 정일형부터
야당 국회의원들 숱하게 엎어치기 해버린 물건이었지
통혁당 종태가 동생이고 질락이는 장조칸데
그 두 사람 밀고한 인간은 상금이 탐난
질락이 동생 병락이라는 소문이 파다했어
병락이는 서울 무교동에서 괴한에게 맞아죽었는데
김일성이가 시켰다는 말이 떠돌았지
김상도도 그때 중정으로 끌려가

그 무성한 구레나룻 한 올 남기지 못한 채 돌아왔고

2

미군 탄약 수송해 적재하는 대동공업사
거기, 종업원 육백 명 대한노총 가입시키고
영천지부 결성 도와주던
경북도의원 김상도를 미군이 덮쳤다
1953년 5월 19일 오후 네 시였다
권총 네 자루 들이대고 자백 강요하다가
공산당 지령으로 포탄 빼돌리려고 음모했다며
영천포로수용소 폭동공작 혐의 덮어씌운 뒤
경찰에 넘기겠다며 지프에 태우더니
읍내 한참 벗어나 인적 없는 산으로 가는데
아차, 죽었구나 싶었던 그때였다
오르막 굽잇길에 차가 서행하고 있었다
씨름판에서 금호장군이라 불렸던
김상도는 앉은자리에서도 물찬 제비였다
두 손등으로 양쪽 미군 콧잔등이 뭉개지라고

잽싸게 연거푸 때려버린 후
턱주가리에도 한 방씩 더 먹여버리고
마흔 살 몸뚱이 산비탈로 마구 굴려버렸다
총소리가 자꾸 발뒤꿈치 건드려 달리기만 했는데
삼창지서에 도착하니 맨발에 봉두난발,
저고리는 귀신이 벗겨 가버렸고
바짓가랑이 뚫고나간 총탄 흔적 세 곳 있었다

3

유도 무제한급 일본선수가 서울에 왔을 때였다
그 이름 세상에 뜨르르하던 씨름선수, 순사 김상도가
맞장 한판, 도전장 던졌다
일본선수 글마가 화끈하게 수락해
대구 무덕관 링에서
한판, 붙었다
관건은 누가 먼저 잡히느냐는 것이었는데
어허, 김상도 호언장담이 단 일격에 나뒹굴고 말았다
이기고도 어안이 벙벙한 일본선수

심판 호각소리에 슬그머니 두 팔 치켜 올릴 때였다
드러누워서 어리벙벙하던 김상도 잽싸게 일어나
일본선수 팔 끌어내리며 외쳤다
다시, 한판 더
시합은 본디 삼세판이다
그래서 한판 더 붙었다

그 다음? 아이고, 내 차라리 말 안 할란다

이육만

영천 선거사에서 그는 정통야당 깃발 높이 들었다
안병달이 상도동이나 동교동에 줄 서서
기웃거리지 않고 홀로섰다면
이 천둥벌거숭이는 감히 김대중 노선 표방하고 나섰다
쿠데타 이후 시금털털한 영남 무림에서
하필 그 빨갱이당이냐고 가래침에 쌍욕이 난장이었다
교사 출신인 그는 가난했고 지구당은 더 가난해
아예 사무실마저 없애기도 했던 시절
농민회가 유일한 지지단체였다
멀리 등 뒤에다 정보형사 몇 거느렸던 이육만,
바야흐로 집권여당 새정치국민회의지구당위원장 시대
영천농민회가 그 앞에 가 시위했다
원리금은 5년간 상환 유예에
10년 거치 10년 분할상환으로 하되
이자는 3프로,
대선공약이행촉구서 전달하러 찾아가니
등받이 높은 거만한 의자 젊어지고 정보계장 거느린
이육만 건달 어깨가 어째 좀 초라해보였다

안병달

영천 국회의원 선거사에 이런 야유와 조롱 있었다
김샜다, 김상도
조졌다, 조영근
안 된다, 안병달
또 조졌다, 조병환
자유당 이후 그 중에 국회로 간 사람 없었다
'좌동영 우형우' 찾지 않은 만년 꼴찌
안병달은 동국대학교 학생으로 옆구리에 총 맞고
4·19부상동지회 회장이었던 문민정부 때,
상도동에서 전국구 한 자리 주겠다고 했다는데
거부하고 무소속 영천시장 출마 선언했다
화가와 서예가들 선거에 보태라고
재능 기부해 전람회까지 열어 주었으나
전시회 끝나자 출마 포기해버렸다
기린 목살 한 삼인 분 구워주고 싶다던
누군가가 왼쪽소매로 콧등 쓰윽 훔치며 이죽거렸다
거 봐라, 안병달은 안 된다니까

박삼달

산 절벽 물 절벽 캄캄 두메아이였다
너나들이로 몰아치는 골바람이 춥고 배만 고팠다
열세 살이었다 밥이나 굶지 말라고
아는 이가 있어 잔심부름꾼으로
영천군청에 들였더니
바닥 쓸고 책상 닦으며 난롯불 지피다가
덜컥, 사령장 받았다
마른소똥에 붙은 불이었다
더 올라갈 자리 없었다
영천시청 총무국장으로 퇴직했다

4

서북가랑잎

시월 평전

풍년 든 나라 요괴정부가 허기만 제공하는 수상한 세월이었다 요괴경찰 공출 협박에 방안이고 마당이고 저잣거리가 다 칠성판이었다 허기만 장복하던 대구 노동자 하나, 건곤일척 단풍발전소가 되었다 창의정용군倡義精勇軍처럼 산남의진山南義陣처럼 사내들 수만이 일어선 회오리바람이었다 그 태풍 지나가자 다시 수상한 세월이 와서 징글징글 갊았다, 능글능글 갊았다, 깐족깐족 갊았다

언어 이전 몸짓을 저토록 높고 커다랗게 표현해놓고
영천에서 폭설은 백비白碑다
수십 마리 꿩 떼가 마을로 내리꽂힌다
저 폭설 백비에 정명正名하겠다는 것인가

백기호白基浩

대구역 근처에 미창米倉 여럿 둔 거대미곡상이면서
제면공장에다 대구경마장 대주주로
구주 출신 왜첩에게 홀치기鹿子絞공장도 차려준
백내유 외아들은 영천 1호 주의자였다
제2차 조선공산당사건으로 구속되었을 때
거부 아비 손써서 면소처분받은 후
영천지역운동에만 발이 묶였다가 신간회 해소되자
아비 사업 물려받아 야금야금 말아먹었다
반야월半夜月 일천 그루 능금밭 팔아
상선 한 척 샀더니 그 배 행방 묘연해지자
상하이 뒷골목 오래 떠돌다 돌아와
고리대금업도 하는 주식회사 '영천곡물' 이사였다

남로당 지령으로 위장 자수했다
국민보도연맹 경북간사장 취임 후에
총상 입은 빨치산 마루 밑에 숨겨 치료해주며
의약품 구해 여기저기 산으로 보내다가
전쟁 나던 그해 봄에 잡혀갔지만

아비 인맥이 있어 서울로 도망쳤다
전쟁이 터지자 인민군 후방일꾼으로 복무하다
퇴각 중 심장에 총 맞았다
맏이와 막내, 두 딸은 북으로 가버렸다
일본 권력에 빌붙어 이룬 아비 재산
독립군자금*으로 썼다고 훗날 며느리가 흘렸지만
영천사람 누구 하나 귀 기울여주지 않았다

---

*송판에 홈을 파 철사처럼 제련한 금을 넣어 만든 상자에 사과를 담아 어딘가로 보냈다 한다(대구MBC 다큐멘터리 「소설가 백신애 그 인생과 문학」, 1990년).

조선의용군 이원대李元大

조선족 작가 김학철이 서울 와서 증언해주기 전까지
고문 때문에 옥사한 것으로만 추정했던
이원대는 의열단간부학교에서 공문덕孔文德,
중국 중앙육군군관학교 낙양분교와 성자분교에선 마
덕산馬德山이었다
조선의용대가 화북 진출 후 석가장에서 체포되어
군사정탐죄로 북경감옥 가서 사형당할 때
두려움이나 덜어주겠다는 눈가리개 물리치고
일제 소총 열네 자루 총알 몸 하나로 다 받아냈다
그 광경 지켜보고 울컥했던 조선인 통역원 곽동수가
탈출해서 조선의용대로 가 마덕산 증언해주었다

호가장전투에서 포로가 된
김학철이 석가장 일본헌병대로 끌려갔던 날
북경 압송 직전 사형수 마덕산과 상봉시켜 주었다
서로가 죽은 줄 알고 추도회까지 열었던 두 사람
어안이 벙벙해서 다가가 얼싸안지 못한 채
서서 눈물만 흘리다가 헤어지고 말았는데

어느 날 김학철 감방으로 쪽지 한 장 들어왔다
석가장헌병대로 끌려 와서야
동지 유빈劉斌이 간첩 신용순申容純이었다는 마덕산 글이었다
알아듣기는 해도 일본말 할 줄 모르는
마덕산 진술을 하필이면 신용순이 통역했는데
그놈이 순거짓말만 지껄이기에 재떨이로 대갈통만 까버렸다며
공산당 만세! 조선인민 만세! 외치듯 적어놓았다고
훗날, 김학철은 「준엄한 나날에」 기록해두었다

이원대 옛집 안채 기둥뿌리에 도끼날 자국 선명하다
지사리꾼에게도 기고만장했던 해방 정국 시월,
일본군 찾아 중국 대륙 휘젓고 다닌
조선의용대 분대장 옛집
남로당 까불이들이 도끼날로 응징해버린 것이었다

정시명鄭時鳴

육십 몇 년, 행방불명이었다
바늘귀만한 풍문 한 조각 흘리지 않고
남과 북, 비바람 눈보라 산새에게도 들키지 않은
잠행길 벼랑에 붉은 무덤 하나 있었다
미군정 불온열전 영천 1호

스무 살 정시명은 북풍파였다
정우회正友會에서부터 제4차 조선공산당검거까지
깐죽깐죽 일제를 갉았다
식민지 조선청년해야 될 일 그것밖에 없었다
전국농민조합총연맹 결성식 임시집행부
아홉 명 중 한 사람,
돌아와 영천농민조합 삼만 규합했으니
온몸으로 갉아야 할 시대는 해방조국이었다
호열자 그늘 속으로 오래 유랑걸식 대열이 흘러간 뒤
모든 관공서와 미군정 건물까지 불로 단죄해버리고
꼬박 네 해, 연락부절이더니
그 틈에 삼팔선 넘었더란 말인가

무슨 밀명이라도 받았던 것인가
인민군 구월 공세 전선이 무너진 영천 암행하다가
임고 지경말 상엿집에서 사살되었다
경찰은 주검 위에 붉은 깃발로 덮어버렸지만
마을 사람들이 알아보고 산에 묻어주었다

마천령 자작나무숲 풍경 떠올려주는 곳
육십 몇 년, 억새만 우거졌다
오른손잡이가 왼손잡이 만나 오른손잡이 낳은 곳
왼손잡이가 오른손잡이 만나 왼손잡이 기른 곳
거기, 오래 고단한 마을마다 붉은 무덤 감춰놓고
으악새 수만 평이 북풍을 받아 적는
저 악필 낡은 문장

미결통산未決通算 오백일

스물여섯, 빡빡머리 죄수 김석천金錫天은 앳되다
조선청년동맹 중앙집행위원에 고려공산청년회 영천 야체이카 책임자였다
제4차 조선공산당 검거 때 체포된
소화 5년,
대구지방법원에서 콩밥 이년 육개월에 미결통산 오백일 선고받아
경성지방법원으로 이첩되어
죄수복에 꿰매 붙인 흰 이름표 달고
감옥 벽 등진 채 찍힌 눈빛 참 애잔하다
서대문형무소 보존원판 13898번
오척 단신, 중외일보 대구주재기자
치안유지법 죗값 치러야 할 죄수 풍년 시절이었다
풍찬노숙의 30년대 견뎌내고
40년대 살얼음판 위에서 암중모색했던 사람들
해방정국 힘차게 차올랐을 때,
전향이라도 했다는 것인가
김석천, 그 이름 어디에서도 찾을 길 없다

김은한金殷漢

농사 한번 원 없이 지어보겠다고 멀리 갔다가
북만 벌판에 마을 이룬 고향사람들이 지어 부르는
영천아리랑 듣다가 울컥해서
청강현 북삼둔교 삼둔에 괴나리봇짐 풀었다
북만주조선인청년총동맹 간사였다가
공산당 조직 신우회 책임서기로 붙들려 있다가
돌아오니 밀정이 따라붙었다
금호역에서 체포해 콩 볶듯이 닦달하니
김종한金宗漢, 소송小松, 진허陳虛, 임영무林永茂, 신향信鄕, 한규漢圭, 김혁金赫, 양부춘楊富春……
북어 한 쾌 꺼내놓듯 쏟아진 건 이명異名 뿐
물건 하나 잡은 줄 알았더니 순맹물이었다
왼다리 절며 풀려난 김은한이
북만 벌판 떠돌던 영천아리랑 불러보았는데
해방정국과 전쟁통에다 보릿고개 넘다 흩어지고
이치로써 입에서만 간신히 살아남았다가
사라진 영천아리랑

이진영李進榮

이진영 중대장이 전사할 때,
인민군 진영에는 그와 함께 일본군에 맞섰던
조선의용대 동지들이 두루 포진해 있었다

그는 이원대와 의열단간부학교 졸업 후
중국 중앙육군군관학교 낙양분교와 성자분교 거친
자우강自宇强이었다
조선의용대가 창설되자 중경 판사처 주임으로
중국군사위원회와 조선의용대 사이 다리 역할할 때,
고향에는 어린 딸과 아내가 있었으나
구두공장 운영하는 중국인 동지
딸, 진영청陳永清과 결혼하지 않을 수 없었다
조선의용대가 황하 건너 화북으로 진출하면서
본부 요원이라 국민당 그늘에 남게 되자
그는 좀 쑤시는 의창 떠나 서안으로 가
중국군이 장악한 광복군사령부 경리과 중교中校,
중경에서도 좀만 쑤시는 참모처 부령副領이었다가
해방 이듬해 초여름에 돌아오니

끓는 피 주체할 수 없어
나이 엄청 속였다

마흔한 살,
육군사관학교 특7기로 들어가 늙은 몸 단련시켰다
이 기록, 세계에서 유일하다

임장춘林將春

극동아시아 조선 가을은 캄캄하게 시작되고 있었다
귀뚜라미 소리에 놀란 나뭇잎이 물들고
워낭소리 속으로 햇살이 부드러워지는 구월
중지,
가죽풍구 호화별장 송호정松湖亭 아래 작인들은
동산 아래논배미에서 제법 잘 여문
나락 한 짐 베다 찐쌀 한 말씩 만들었다
그 쌀로 밥 한 솥 짓고 향 피워
한 위位,
또 한 위 술잔 올리고 절 올리다가
잔도 절도 내던지고 자빠졌다
담 너머에서 탕! 탕! 총소리가 들리고
몰려가는 발소리에 단말마 비명과 아우성에
차례상 예법이고 깨뭉치고 다 던져버리고
우르르 마당가로 몰려나갔다
대청마루 밑으로 도랑물 끌어다놓은
송호정이 불기둥을 물고 있었다
연기 속에서 얼핏 그 사내, 구레나룻이 보였다

수크렁에 맺힌 이슬 짚신발로 털어내며
사람들 꾸역꾸역 연기 속으로 몰려갔다
귀때기 새파란 것들까지 달려 나와 펑퍼져 앉아
가죽풍구 모든 논밭 작인들에게 나눠주겠다는
힘센 가라말, 작은 혁명가
인민위원장 임장춘 연설 들으며
옳소! 조타!
추임새 넣고 박수쳤다
박수소리에 구례나룻이 펄럭, 흔들렸다

그들 탈주로를 더듬다

어느 집안 내방가사*에 철천지원수로 기록된 사람들 생애는 두루마리처럼 굽이굽이 에움길이라 어떤 증언으로도 좇을 수 없어 칡넝쿨에게 물어보지만 그도 이젠 늙어 뿌리 쪽으로 환속하는 길이란다 바람벽에는 걸 수 없는 두루마기 걸친 일고여덟이나 됨직한 애기중이 막 떠난 새 항적을 산적 꿰듯 따라가는 수기령 아래, 뜨거운 혁명 열망하다 쫓긴 사람들이 사라져 간 궤적을 사내는 추적 중이다 한때, 그들은 여기에 꺽정이처럼 꿈꾸었던 세상 세울 요량으로 억새이엉 올린 망루에서 작전 수립했겠지만 달포쯤, 마지막 보루 경영했던 이념에 대한 기록이며 전언은 재가 되어 고스란히 자연으로 돌아갔거나 아니라면 어떤 연출에 의해 암장되었으리라 서북청년단과 호림부대며 응원경찰에 맞선 사람들 파계재 넘어 고수골 건너 방가산에서 운주산까지 탈주로 짐작만으로 밟아가는 단풍계곡에서 굴참나무 적막 쪼아 흔드는 딱따구리 경고가 사내 뒤통수 서늘하게 적시다가 멀어진다 이 궤적은 칠십 년 전 미군정이 지정해 놓은 토벌구역이었지만 국가기밀보관소가 내장해놓은 비밀이란 없다 손바닥만 한 그늘 한 자락이 걸려 있는 능선에 오르자 산봉우리들 높고 낮음이 무슨 갈등으로 생긴 형용은 아니겠으나 벌목공들이 상투만 냉큼 잘라버린 방가산 민머리는 더 이상 보여줄 게 없다는 완곡한 표정이다 사내가 적막에서 빠져나와 내려다보니 붉은 문장으로 솟은 금강송 여럿 어귀에 세워놓고 산 밑에는 사람들이 마을 이루어 살고 있었다

---

*『隱村內房歌辭集』(趙愛泳, 금강출판사, 1971). 조애영은 영천 지주 이인석 둘째며느리로 조지훈 시인의 고모.

서북가랑잎

서북이라 불린 황해도와 평안도 한 귀퉁이
미국 선교사들이 오래 공들인 북방,
거기 사람들 남쪽으로 도망 와 서북청년단,
미군방첩대 비호 아래 백색테러단이었다
단독정부 수립 후 미군정이 물러 가자
근거지 잃어버린 서북가랑잎들
맥아더 비밀부대 켈로였다
만주와 연해주까지 가서 암약한 사람들 중에
대장장이 김영걸이 있었다
백령도로 피난 간 서북사람들로 몰래 꾸린 동키부대,
내래 어드렇케 거길 갔냐 하면 말야
벌겋게 달군 쇠뭉치 땅땅 두드리며 신명냈다
구월산 멸악산 능선 거침없이 넘나들며
인민군 귀 잘라 와서 받은 무전기가 나귀 닮아
당나귀부대라고도 불렸던 동키부대 자랑
땅땅 쇠 두드리느라 통 알아먹을 수 없었다
정전협상 내내 딴죽 거는 이승만과
해임된 맥아더 잔존 세력이 두려웠던

미국은 동키부대 멀리 후방으로 빼돌려
전선에서 고립시켜버린 사실이야 아예 몰랐다
당나귀부대가 유엔군 소속이었든 말든
'동키'가 미국 민주당을 비꼰 말인지 칭찬한 말인지
그저 달군 쇠 땅땅 두드릴 때 고함치듯 했던 말,
일 끝내고 땀 식힐 때 다시 물어보면
무시기, 내레 무슨 말했간디?
멀뚱하게 쳐다보던 대장장이 서북가랑잎
동키부대 근방만 서성이다 온 것 같은 김영걸,
서북이 어떤 곳인데 술고래에 예수라면 질색이었다
그 양반 술병으로 죽고
앉은뱅이 문갑 빼닫이에서 나온 문서
무식한 마누라가 뚤뚤 뭉쳐 불태워버린 것,
박철두가 특별조치법에 명의변경해버린
조흔달 논 천팔백 평

황보집皇甫輯

삼창 한천 안천 지나 월영 휘돌아 눈 펄펄, 비 추적이는 방가산 아래 마구 떨어지는 홍시 또 홍시, 붉다 사십 년 전, 하이힐 신은 한 여자 몰래 와 그 풍경 지켜보다 갔다

본명 욱旭, 신비주의만 휘감은 잠행 전문가
영천 좌파들 항구였다
조선공산당경북도당 선전부장으로
좌파신문 민성일보에 근무했다는 설과
전쟁 때 서울에서 얼핏, 보였다는 풍문만 있을 뿐
어떤 증거도 남기지 않았으니 증언이 없다
그가 내린 명령으로 영천은 불바다가 되었으나
단 한번도 후회와 자책으로 흔들리지 않은
내진 설계가 완벽한 주의자였다

고명딸, 하이힐 신고 아비 고향 몰래 가서 홍시 떨어지는 절창 풍경 지켜 본 뒤 성씨 숨기고 살았다 이념이 피보다 진하다는 말에 부녀는 지독했다

김상문金相文

그는 해방과 함께 야학 열어 무지렁이들 가르치다가
군수란 놈 버르장머리나 한번 고쳐보겠다고
인민위원회와 농민조합원들 뿔뚝 성질 다잡아
딱 하루, 그들 책사노릇만했을 뿐이었다
날 밝자 젊은 혁명가들이 사방 면面으로 달려간 뒤
제자들과 읍내 해방구 뒷정리하다가
혁명하겠다는 것들에게 분노하며 자책에 휩싸였던
작은 선비 김상문이 사라졌다
꼬박 세 해가 다가오자 제자들이 날 잡아
삼년상이나 치르려고 했던 때였다
청도 육화산 아지트를 급습한 경찰에게
총알 수십 발 받은 남로당원은
영천사람 김상문이라고 자유신문 속보에 실렸다
아지트에는 총알 없는 99식 장총 한 자루와
카빈 실탄 백삼십 발,
무전기에 불온서적 한 권도 노획했다는 것이었다
빨치산 볼모였다고 제자들이 한탄했지만
김상문은 그렇게 이승만 불온열전에 수록되고 말았다

밤손이라는 말

밤손 다녀가셨다는 말, 그 밤손님
아침거리 떨어진 오막살이 문고리도 거침없었던
그 말 기원은 해방정국 경상도 어느 가을 이후부터였다
아비 영결식 경황도 없었으니
일곱 살 자식 영결사 한 마디 어찌 있었겠는가
좁쌀 보리쌀 한 됫박 동냥질 처량하더니
어느 집 물고 내고 싹 쓸어간 화적떼이기도 했다
보릿고개 벼랑길 어느 자정 무렵이었다던가
읍내 삼백석지기는
댓돌 아래서 밤손님 맞다가 식겁하고 말았다
작년 가을에 흔적 없이 사라진
얼금뱅이 그 화상,
사위란 놈이 상판 쓰윽 들이밀었던 것이었다
밤손으로 왔던 그 백년손님 유복자는
어미아비 제삿날 젯밥 한 그릇만 올린다*

---

*「어떤 내력」(『시월』)에 기대어 쓰다.

말로만 주고받았다

인민위원회 매타작에 저승 문고리 잡았다가 돌아온
가죽풍구 도망길 도운 다섯 사람 있었다
짚동 같은 연기가 군청 건물 휘감을 때,
종놈 근성 못버린 동문거리 젊은 작인作人들이었다
솜이불로 휘감고
그 위에 거적 덮은 가죽풍구와
대충 챙긴 재물 이것저것들 짊어지고
삼십 리 산길 내달려 어느 마을에 숨어들었다
몽둥이 감시 아래 열흘, 꼼짝없이 갇혔다가
십년 벙어리 맹세하고 논 두 마지기씩 받았으나
그 맹세 오래 가지 못했다
필경은 정시명이나 임장춘 따라 갔다 온 거라며
동네사람들 밀고가 이어졌다
다섯은 잡혀가 이차저차 털어놓았고
경찰이 다급하게 가죽풍구 읍내로 모셔왔으나
그 말종은 선걸음에 서울 아들네로 가버렸다
논 두 마지기, 말로만 주고받았다

제14포로수용소

들판 하나 송두리째 징발해버린 쌍계동 제14포로수용소, '멸공애국' 머리띠 매고 도열한 사내들과 함께 콧수염 말끔하게 깎은 달츠놀 대령 거수경례 힘찼다 일본에서 불러들인 외신기자들 거느린 미8군 사령관 밴플리트와 사회부장관이 떠나자 민간인 억류자 석방 환영행사도 끝났다 전선 부근 논밭에서 서성이다 체포되었거나 고지에서 인민군 볼모로 인간방패였다가 유엔군 볼모가 된 1703명과 함께 영천사람 현종덕도 석방되는 날이었다 먼저 전남 출신 2백 명이 밤 9시 열차로 떠나고, 이튿날 새벽 4시 20분 막차는 대구로 갔다 캄캄 어둠 속에서 끌어내 캄캄 어둠 속으로 보내버렸다 그들이 고향에서 군수에게 도민증 받고 철의 삼각지대로 떠났다가 전사통지서가 되어 돌아오는 날마다 황톳물 흘러가는 북천北川 건너 봉화산 아래 제14포로수용소 군가소리 장엄했다 이 몸이 죽어서 나라가 산다면 아아 이슬처럼 죽겠노라

반공포로 김치활

정전협상 중에 이승만이 미국 뒤통수 후려친
반공포로 빼돌릴 때 그도 영천수용소 뛰쳐나왔다
민가로 숨어라 미군에게 잡히면 총살이다
철조망 밖으로 몰아내며 군인들이 일러주었으나
읍내 가는 길 버리고 들판 가로질렀다
강을 건넜고 산을 넘었다
막 불 끄는 집으로 뛰어들었다
고봉밥 욱여넣고 물 두 사발 비우자 앞이 보였다
등에는 WP, 흰색 글자가 선명했다
젊은 내외 앞에 큰절하고 옷 한 벌 갈아입었다
북쪽산 넘다가 문득 돌아가고 싶었다
멈칫, 멈칫, 닷새 만에 영천강 합수머리 숲으로 갔다
피난민들 버리고 간 초막에서 길게 울었다
고물 줍다가 은근슬쩍, 신시장으로 스며들었다
개똥도 돈이 되고 지푸라기도 쌓으니 재물이었다
마흔일곱에 가게 몇, 형제도 어엿했다

그 애송이

억수장마 예고하는 가랑비가 목덜미 더듬을 때
영천역 광장 저만큼 한쪽 귀퉁이에
낯선 사내 하나 깨진 옹기처럼 앉아 있었다
민간인 '억류자'에서 '귀환자'가 되었으나
갈 곳 없었다
가야 할 곳 아예 없었다
정전회담 깐깐할수록 고지쟁탈전 치열했던
1952년 6월 30일 어슴새벽
안동여인숙 불빛이 깜박, 눈웃음치고 있었다
인민군 볼모에서 유엔군 볼모였다가
막 풀려난 그 청년
또 어떤 볼모가 될지 모를 아직은 애송이

5

말죽거리 변천사

말죽거리 변천사

밀양에서 와 일패一牌를 자처했던 남홍南虹이가
여사당자탄가女寺黨自歎哥보다야 격조 높게 거문고 타며
남의 집 영감은 자동차 타는데
우리 집구석 저 문둥이 콩밭만 탄다고 노래했던
1920년대 이후
삼패三牌, 탑앙모리塔仰謨利만 들끓었다
전쟁 뒤 말죽거리 일대가 들어서면서
룸살롱과 선술집이 공생하다가
룸살롱 문 닫고 티켓다방 봄풀 돋듯 생겨났다
주민등록증 나오자 그걸 들고 도망 나온
조선족 일고여덟 둔
티켓다방 십년 호황 끝에 사라지더니
또 한 십년 지나
의뭉스런 여자들이 시간 파는 다방 성업 중이다
이번엔 이패二牌, 은근자殷勤者들이 몰려왔다
두만강 한사코 건너온 여자들
과수원에서 사다리만 타지 말고 내 배도 타라며
모닝 몰고 레이 몰아 무인모텔로 간다

오수동 문촌

예로부터 경상도에는 글 읽는 아이文童들이 많아
'보리문둥이'라는 말 얻었노라고
어릴 때 선생은 자주 그렇게 말했다
까까머리 악동들이 책이나 좀 읽으라는 뜻이었던
흰머리 선생 말은 그러나 슬픈 변명이었다
식민지 시절 어느 글 한 대목 살펴보면
경상도에는 문둥이가 하도 많아 그 소굴*이라 썼으니
조선총독부 자료가 그걸 증명한다
머리털조차 곤두선 세칭 '문디'들 범죄는
보다 어린 생간 구하기 위해
그 누군가는 주검조차 얼마나 참혹했겠는가

미군정 종식 몇 달 앞두고 보건후생부는
유봉산 아래 동쪽 두물머리 건너
오수동五樹洞에 나환자마을 만들고
거기에 수백 명 강제 이주시켜 닭치며 살게 했다
읍내 사람들은 닭살이 돋아
문촌, 문촌 손가락질했던 그 금단의 땅에서

돈 많이 번 꾀돌이 장사꾼 엄수태가
작정하고 거기에 달걀 사러 갔을 때였다
심장이 두 근반 세 근반, 와들와들 떨렸으나
얼굴에 진물 흐르는 사내들 손 덥석, 덥석 잡아버렸다
그게 너무 큰 신용이었다
문촌 사람들 엄수태한테만 달걀 몰아주었다
엄수태 아니면 달걀 하나 내주지 않았다

---

*《개벽》, 「조선 문화의 기본조사」 경북편, 1923. 6.

정재룡 영감

1920년대 이래 사과라면 대구능금이었다가
잉그리드 버그만 늙어가듯 그 명성 한물 가버리고
영천능금 앙팡 테리블이었다
그 시절 국광 한 그루
논 한 마지기와 바꿔주지 않았다
환갑짜리가 영감으로 불리던 1970년대
동지 지나 서울청과에서 연락이 오면
정재룡 영감 창고 안에 쟁여둔 능금 출하가 시작된다
우선 맛보기 삼백 상자 화물열차로 보내고
걸핏하면 연착해서 열다섯 시간도 걸리는
청량리행 열차에 몸 싣는다

거기 도착하면 가는 곳 따로 있다
세숫대야만한 그릇에 떠다 놓은 물, 손 씻으라는 그 물
억지로 마시다가 턱밑으로 줄줄 흘려버려서
아랫도리 흠씬 적셔 촌놈 행세 톡톡히 하고 말았던
요정, 일헌옥 가면
서울청과 경매사와 직원 두엇 기다리고 있다

정재룡 영감, 데운 청주 몇 순배 돌린 뒤
돈다발 한 뭉치 경매사 앞에 꺼내놓고 물러 나와서
안채 뒷방으로 가면 두 사람 술상 차려져 있다
거기가 영감님 술자리면서 잠자린데
젊은 여자가 전속으로 그림자 시중을 든다

경매 끝나면 경매사가 보낸 직원이 돈다발 들고 온다
첫 출하는 언제나 만족스럽다
일찌감치 새벽 경매 몰래 가서 보고 와
늙은 몸 뜨겁게 달군 뒤라 더욱 흡족하다
정재룡 영감 한 며칠 더 머물 것이다
첫 출하 삼백 상자야 창고 귀퉁이만 조금 헐었을 뿐
오늘부터 공판장에는 오백 상자씩 들어갈 것이다
어쩌면 젊은 그 여자 영천으로 데려가
한 삼년 뒷방 화초로 가꾸다가
한적한 곳에다 다방이나 술집 하나 차려줄 요량이다

영천능금농사 70년사

몸이야 살수록 낡아가지만 세월은 묵어서 발랄해진다고 생각했던 날이었다
늙은 능금나무 그늘이 외딴집 뒤쪽 귀퉁이부터 허물어내던 그날 오후,
늙은이는 응급차에 실려 서쪽 병원으로 갔다
열다섯부터였으리라
능금농사 70년을 창밖으로 내다보는 난간 없는 생,
초점 잃은 눈에도 강 동쪽으로 길게 이어진 능금밭이 보였으리라
능금이 초록에서 막 붉은빛으로 옮아가는 때,
앳된 간호사가 와서 혈압 재는 동안
능금나무 갈아 심듯 생도 재생이 가능하겠다 싶은 생각이
주름 깊은 이마에 스친 것 같기도 했다
간병인이 와서 기저귀 갈아주는 사이에도
눈은 한사코 능금밭쪽으로 열려 있었다
산소호흡기로는 젊은 날 데려올 수 없는 고목,
산소용접기라면 한 시절 다시 세워 볼 수도 있겠다만

호흡기만 떼면 한꺼번에 무너져내릴 저 낡은 몸은
영천능금농사 70년이 내장되어 있다
시월 영천능금이 그 본색 드러내기 전에
능금나무 그늘이 이마에 닿으면 마침내 눈 감을
저 늙은이 죽어서도 아삭아삭 능금, 씹을 것이다

이상한 담판회의

흉년 가을, 소작인조합이 나서기 전 9월 초입에
소작인 구제에 대한 지주회地主會 입장이 보도되었다
논 소작료 면제나 감액 이유가 있는지
대파代播한 논 소작료는 어떻게 할 것인지
빈곤한 소작인에게 무이자 농사자금 빌려줄 것인지
마름 대신 지주가 현장조사에 나설 것인지
지주들 모여 논의한다는 기사가 보도된 이후
결론은 기자에게 전해지지 않았다

삼년 뒤 또 흉년들자 소작인 열 명이 모여
허수아비 소작인조합 무시하고 소작계小作契 만들어
지주회 찾아가 담판할 준비에 들어갔다
소작료는 오 할로 하되
지세地稅와 공과금에 문제가 있으니
경작거리 십리 안은 소작인이 감당해도
십리 이상은 지주가 부담할 것,
소작권 이동 권한도 지주에서 소작계로 이관하라는
요구안 만들어 작인들에게 회람한 뒤,

소작인 대표 서른여덟 명이 서명해
지주회와 담판한다는 기사가 보도되었다

중재 잘하던 청년동맹 간부들 다 끌려가버린 때였다
조정환曺正煥은 동아일보 기자 불러 지주들 주장만 흘려주었고
소작계장 류동걸은 중외일보지국 찾아가
작인들 주장 기사 좀 써달라고 애걸복걸했다
지주회와 소작계는 단 한 차례도 만나지 못한 채
동아일보와 중외일보가 한쪽 주장만 보도해주는
참 희한한 담판이 계속되고 있었다

지주 주판알, 소작인 주판알

대구 사는 지주 윤수일尹守一은
신녕면에 논 오만 평 가지고 있었다
그해는 엄청 풍년 들어
윤수일이 지주 주판알 한번 튕겨보았더니
그 재미 쏠쏠할 것 같았다

서림이처럼 뺀질뺀질 꾀만 많은 놈,
늙고 젊은 마름 둘 불러 소불고기 구워 먹인 뒤
소작 계속하고 싶은 사람들 내년 소작료
모월 모일까지 내라는 말, 돌리게 했다

지주 주판알 튕겨 돈으로 환산한
섬당 십 원,
추수 끝나자마자
내년 소작료 당겨 받았다

갈치배미 논두렁 정기 타고난
김갑수가 소작인 주판알 한번 튕겨보았다

소작료 한 해 먼저 받아먹은 지주
몰염치가 수천 원,
일 년치 원금 이자 계산하니 수백 원이라
신녕주제소에 고발해버렸다

소작인 주판알이 지주 주판알 이기고
소작료 돌려받으니 농사가 없어졌다
장차 농민조합 간부로 해방 정국 시월 봉기 주동할
소작인 주판알 김갑수

사위 빚 받아낸 지주

석 섬 일곱 말에 또 얼마 더 얹어
그해 소작료 갖다 주고
이틀 후,
영천면 완산동 박차성朴且聖 집에 곡소리 났다
만산낙엽 몰아다 남천강에 물수제비 뜨는
1931년 흉년, 그해 초겨울
완산봇물에 오른발만 담근 채 자빠진
박차성 왼쪽손이 쪽지 한 장 쥐고 있었다

그날, 박차성은 지정된 수납소에 가
소작료 나락 건네주고 영수증 받았는데
제 이름이 아니라 친구 최해선 명의였다
수납소 일보는 작자가 일러주는 말이라는 게
최해선이 지주 정시붕에게 소작 얻은 지난 겨울에
친구인 당신이 보증인으로 앉았으니
소작인이 소작료 못 내면 보증인 책임이라는 것이었다

최해선은 지주 사위에게 빚이 있었다

사위가 그 빚 제 날짜에 못 받자
장인이란 인간이 한 방법 넌지시 일러주었는데
주남들 나락 익기도 전에
최해선이 지은 농사 몽땅 차압되고 말았다
오부 이자,
최해선 농사야 겨우 빚만 갚았지
소작료로는 나락 한 톨 못낸 꼴이었다

김종태 약전略傳

기름 바른 장어처럼 살아남았으나 형장 이슬이었다
씨름꾼 작은형 닮아 유도로 단련된
그는 열여섯에 홀로 대한해협 건너갔다가
책 두 가마니 짊어지고 온 주의자였다
해방 공간 건국준비위원회 소속 치안유지대 간부로
시월봉기에 가담했다가
서울로 도망 가 대학 졸업하고
안동사범에서 만난 제자와 결혼했다
작은형 김상도가 출마한 선거판에 슬그머니 돌아와
고향사람들 앞에 나가 마이크 잡았을 때,
어린 나팔수였던 그는 독설가로 변모해 있었다
이간질과 헐뜯기 선거판에서 익혀
썩은 자유당 민의원,
작은형 비서로 거만하게 탄탄대로 걷다가
사일구와 오일륙으로 몰락해버렸다

권총까지 동원해 삼형제가 개입한
울산 부정선거 문제로 혁명재판에 걸려들기 전

이 꾀돌이, 또 어디 멀리 가서 숨어 있다가
덜컥, 북쪽으로 한번 가보았다
평양 대동강 북쪽 주암산 기슭 특1호로 들락거리며
백면서생白面書生 장조카 김질락을 꼬드겼다
김질락이 젊은 지식인들과 《청맥》 발간하고
이문규가 '학사주점'에서 학생들 모아
통일혁명당 조직하고 민족해방전선 구축해주었다
뺑튀기보고로 받아낸 공작금
축첩에다 사업으로 다 말아먹고 빈손이었던
그가 서대문 형장 거만하게 걸어갈 때
위대한 김종태 동지 구하라는 삐라 산천에 휘날렸다
백두 1호, 한량혁명가
그는 죽어 남쪽에 고독한 시인 하나 남겼다
안동, 임병호

전향이유서

삼십 몇 년 전, 영천 어느 서점 안주인이 건네주던 책 다시 읽는다 누군가가 가필했을지도 모른다는 느낌 지울 수 없는 『어느 지식인의 죽음』은 김질락 전향이유서다 통일혁명당으로 끌려가 사형선고 받은 뒤 동업자 백두 1호와 6호는 형장으로 가고, 백두 5호 김질락은 독방에 앉아 '주암산'* 쓰면서 중앙정보부가 제공한 방대한 자료와 자술 목록에 따라 복무해낸 반공 흔적 뚜렷하다 갈피마다 거듭되는 자학과 반성이 삶에 대한 집착으로 넘쳐났지만 7·4남북공동성명 발표 후 입관되어 삼륜차 탔다 평양 주암산 기슭 중앙당 특1호로 인도한 숙부 김종태와 북쪽에 퍼부은 저주에 힘입어 발간 스무해 지나 『어느 지식인의 죽음』은 한 보수단체 필독서로 지정해 재발행됐을 때, 중정이 그를 동업자와 함께 형장으로 보내지 못한 꼼수는 빛났다 만약, 그 반공수기가 가필 없는 김질락 글이라면, 그는 죽음 앞에서 자기를 부정한 용렬한 인간이었다 해방과 함께 군사단체 '의우단' 조직하고 강성노조 금호琴湖**에도 관여했던 숙부들 상도 종태 종화는 해방정국 영천에서 숨겨진 인물이었으나 그 방대한 글에서 단 한 마디만 남겼을 뿐이었다 아비가 평생 만주나 일본으로 떠돈 낭인이라 조부모 슬하에서 자란 그는 숙부에게 운명을 맡기고 지배당한 노예였다

*『어느 지식인의 죽음』 본래 제목.
*이활 전기 『牧堂 李活의 생애』에서.

흰수염, 이재형李在衡

봉인된 슬픔이 터져 주룩, 수직으로 흘러내린
흰수염이 참 슬펐던 사람,
거기 가 고문받기엔 너무 늦은 서른여섯에
중정은 대학 때 모임 정사연正思硏 꼬투리 잡아
인민혁명당 재건위원회로 징역 이십 년 받고
여덟 해 콩밥 먹다가 형집행정지로 나와
만 평 과수원에 숨어 술로 어혈 풀었다
팔순 노모는 골방에서 살았고
부인 김광자 여사 혼자 만 평 과수원 경영할 때
마흔넷, 이재형은 폐허였다
영천강 북천 방죽에 주저앉아 중얼중얼
막걸리 마시며 흰수염 은성하게 키우다가
예순여섯까지만 살았다
공원묘지에 애장터 만한 봉분 달구할 때,
군밤모자 눌러쓴 옛 동지들이 와
가만가만 빨치산 노래 불러주었다
기러기 나래 높이에서 어슬렁거리던 구름 한 분이
잠깐, 흰수염발을 길게 내려뜨려주었다

빠콩

죽음을 선동하는 어둠의 세력이 있다고 고백했던 저 격수, 우루과이라운드 반대시위 배후에 그는 주사파가 있고 주사파 등 뒤에는 북쪽 수괴 있다고 폭로한 거룩한 제사장이었다 고해성사 때 들은 주사파 배후에 울컥, 울분을 일으켜 사제의 양심과 영혼까지 빨랫줄에 걸어 말려버렸다 세상은 야젓잖은 신부인 그가 고해성사 비밀을 누설한 참새 방정에 빠콩, 빠콩, 야유했지만 영천초등학교 42회 동기생들 모여 앉아 그에게 '자랑스러운 영천인상' 줘야한다며 희희낙락하는 소리 등 뒤로 들은 안병달 장로가 밥숟갈 슬그머니 내려놓으며 말했다 그 어떤 위대한 샤먼이 빠콩 귓바퀴에 오래 머물러 있었던 것이라고

시인 임병호

안동에는 억병 술고래가 살았다
총각, 시인 임병호가 그 사람이었다
그는 동화작가 권정생과 안동에서 신화다

자형, 통일혁명당 김종태
서대문형무소 형장으로 걸어 가버린 뒤
대학생 병호는 고문받다가 해병대로 강제징집당한 뒤
서울에서 식당 말아먹고 부산 사상공단 가서
노동, 그리고 시썼다
치열했던 민중시 시대에도 계급투쟁에 물들지 않은
「누가 에덴으로 가자하는가, 사상공단』이
첫 시집이다

사상공단 등지고 안동 와서 술, 펐다
삼일장취三日長醉에도 명정酩酊*에 닿지 못한 생,
다리 위에서 뛰어내렸다
살얼음판이 몸 받아주었다
요새 귀신은 다 뭐 하노,

권정생이 혀 차며 중얼거렸다
씨부럴, 다시 뛰어내렸다
또 실패했다

빌뱅이언덕 권정생이 부자 성자였다면
ㅁ자 고택에서 눈 감은
임병호야 한량 성자였다

---

*임병호의 시 「명정酩酊」에서 가져 왔다.

결작 풍자

등짐장사치들 안동에서 의성 거쳐 군위 휘돌아 갑티재 넘어 영천 닿으면 간고등어도 그만 질이 떨어져 아낙들 매운 손이 자반뒤집기하는 바람에 간신히 떨이하고 돌아간 장사치들 낄낄거리며 한 말씀 남겼으니

안동양반
의성사람
군위것들
영천놈들

고등어 신선도가 그 지역 사람 등급이었다는 것,
자반고등어조차 상한 걸로 먹는 놈들이라고
등짐장사치도 불쌍허니 바라 본 거기

내 시에 대한 변명

첫 시집 이후 내겐 '농민시인'이란 꼬리표가 붙었다. 늘 그게 불편했다. 문학동네 어느 한쪽에서는 이 대명천지에 아직도 격문이냐며 대놓고 비아냥거렸다. 그 말을 되새길 때마다 중앙선 화물열차가 무릎을 밟고 지나가는 느낌이었다. 나는 후방십자인대가 끊어진 왼쪽무릎을 굽혔다가 펴곤 했다.

나는 시를 쓰면서 내 삶과 주변 풍경을 예찬할 줄 몰랐다. 수입농산물이 막 식탁을 점령해 오던 시절, 시인들은 유효기간이 다한 '현장'을 팽개치고 시류에 휩쓸려 포스트모더니즘과 광란의 춤을 추었다. 강대국 논리인 '세계화'가 보편타당함을 획득해버린 시대에 농민들이 내건 개방농정 철폐, 미국반대 주장과 명분은 빛이 바랬다. 식량이 무기가 될 수 있다는 농민들 경고는 낡은 민족주의가 되어 박물관으로 내몰렸고 개방은 고속질주를 해버렸다. 동학 이후 처음으로 죽창이 등장했다고 보수언론이 들끓었던 1989년 여의도 농민대회부터 시작된 농민회활동과 농사일은 격문처럼 숨가빠 다른 쪽으로는 눈 돌릴 틈조차 주지 않았다. 세상에게 이기려고 대들었던 농민들 싸움은 지난했고, 모더니즘을 지향하던 섬약한 내 시는 격문처럼 뜨거웠다. 그렇게 20여 년이 훌쩍 가버렸다. 그 사이 우리 농업도 신자유주의 대열에 휩쓸려 완전히 동화되고 말았다.

2008년 이후, 나는 시에서 농업/농촌/농민을 배제해버렸다. 시집 『오래된 책』 서문에서 "아무래도 시가 나를 버릴 것 같은 예감이 이마를 치고 간다"고 썼는데, 정작은 내가 농업/농촌/농민을 버렸다. 역사 이래 가장 실패한 인간의 시간이라면 '신자유주의'라고 나는 그때 단언했고, 그 생각은 아직도 유효하기 때문이다.

나는 묻고 싶었다. 아직도 농촌에는 유장한 삶의 물결이 있다고 믿는가. 태胎를 묻은 곳, 늙은 어미가 여직까지 장롱 속에 배냇저고리를 간직하고 있는 곳인가. 농촌은 이미 죽어버린 끔찍한 풍경이 아닌가. 전통농업이 밀려난 자리에 상업농만 판치는 곳, 농사짓는 즐거움은 없고 낯선 풍자와 새로운 역설이 난무하는 곳, 엄청난 갈등과 모순이 뒤얽힌 농촌은 더 이상 낡은 인식과 잣대를 허용하지 않는다.

나는 늘 영천과 불화했다. 내 근본이 누대를 살아냈고 또 내가 앞으로도 살아내야 할 땅 영천, 철들고 한 사십여 년, 결코 아름답다고 말할 수 없는 이 변방을 살아내면서 나는 참으로 많은 사람들과 만나고 헤어졌다. 저 60년대 쿠데타 이후 '영남 무림'이 중원을 장악하고 '경상도 하와이'라는 비아냥거림을 들은 곳, 발음만 해도 입안에서 왕모래가 버석거리는 황량한 영천읍내. 자취방을 나서다가 또는 극장으로 가는 뒷골목에서 또래 양아치들에게 번번이 주머니를 털려야 했던 곳, 대구 경주 포항 안동을 병풍처럼 두르고 있으면서 독립된 문화권을 형성하지 못한 그 사각지대死角地帶. 외지 사람들은 거나하게 '영천대말좆'이라고 불렀다.

1995년이었지 싶다. 시청 정문 앞에 최루탄이 터졌던 날, 신한국당영천지구당 현판을 불질러버린 뒤 1톤 트럭 위에서 거품을 게워내다가 내려오니 나이 든 신사 한 분이 내 팔을 끌어당겼다. 현종인 옹이었다. 그 분은 아직 김영삼을 믿어야 할 시기가 아니라는 준엄한 경고와 함께 해방정국 영천 이야기 몇 토막을 들려주었다.

그렇게 해서 영천은 새롭게 내게 다가왔다. 나는 1946년 영천 10월 항쟁 현장을 찾아다니며 채록을 시작했다. 숱한 사람들을 만나는 과정에서 들은 수많은 곁

가지, 영천사람들 이야기를 받아 적었다. 최루가스가 날리는 현장에서 우연히 조우했던 분이 그 후에도 자주 만나 내게 들려주고 건네준 자료들은 참으로 놀랍고 서러운 영천사람들 이야기 집적集積이었다. 그이는 영천에 있었던 '제14포로수용소'를 알고 있는 유일한 사람으로 내게 다가왔으나 두터운 망토에 중절모를 깊숙이 눌러써 눈빛을 가려버린 사람. 그러니까 그는 격동기 어느 한때에 쫓기는 몸이었던 자신을 드러내길 한사코 거부한 인물이었던 것이다. 여든이 넘어 아들이 살고 있는 시드니로 살러간다던 그이는 몇 달째 연락두절이다.

1923년 《개벽》 9월호는 「일선융화日鮮融和에 발광된 영천쉬倅」에서 "사해가 정비鼎沸와 가튼 속에서도 겨우 일개 무부婺婦(리부嫠婦의 오식—저자 주)의 독창에 그친 만세운동의 성적도 가장 불량한 곳은 영천군이 아니고 어듸이냐?"고 일갈했다. 맞는 말이었다. 기미만세운동이 들불처럼 번져갔을 때, 영천에는 뒤늦게 도랑물 같은 만세 대열만 졸졸거리다가 그쳤다. 그렇다고 해서 영천사람들이 대놓고 퍼질러앉아 있었다는 건 아니었다. 많은 사람들이 무장투쟁 대열에 합류했던 사실을 여기서 굳이 열거할 필요는 없을 것이다.

나는 1939년에 서른한 살로 생을 마감해버린 작가

백신애 생애와 작품을 추적하는 과정에서 일제강점기 영천사람들을 만났고, 최루가스가 날리는 현장에서 조우한 노인을 통해 해방정국과 남북전쟁 전후 영천사람들을 만났다. 암울한 시기 영천 인재양성소였던 백학학원을 나와 중국 남경의 의열단 간부학교로 가면서 일제에 저항한 안병철, 이원대, 이진영, 서만성은 어느 정도 알려진 인물이었다. 하지만 1920년대 중반부터 지역운동을 했던 백기호, 정시명, 임장춘, 김석천, 김은한, 김석인, 공갑룡(공의권), 차치준, 김성수, 하수득, 조상호, 이영기, 김순혜, 김영선, 차목삼 같은 이들은 영천사람들에게서조차 낯선 이름이다.

그들이 지역에서 벌인 활동으로 인해 그나마 당시 영천의 역동성을 확인할 수 있고 그 배경에는 미미했지만 조선공산당도 존재했다. 당시 영천청년들이 활동했던 청년동맹, 신간회, 근우회, 기자동맹 등 지역운동을 주도했던 세력은 천도교 구파도 있었지만 사회주의자들이었다. 이들 중 몇 안 되는 인물들만 혹한의 3~40년대를 견뎌내고 해방 정국에서 시월항쟁을 주도했다.

당시 문인들로는 소년소설을 썼던 떠돌이 노동자 안평원, 소설가 백신애, 전쟁 중에 북으로 가버린 시인 정희준, 동아일보에 시와 동시를 여러 편 발표했던 김성칠이 있었다. 그리고 척박한 1930년대 대중문화를 이끌었던 작사가면서 극작가에 시나리오 작가였고, 배우면서 만담가였던 왕평은 오롯하다.

김상도, 김종태 형제와 그 조카 김질락. 이 집안사람들을 어떻게 이야기해야 할까. 일제순사로 으뜸가는 씨름선수였고, 썩은 자유당중앙당을 더욱 부패하게 만든 장본인이었던 김상도, 통일혁명당 수괴로 북한을 들락거리다가 서대문형무소 형장에서 이슬로 사라진 뒤 북에서 영웅 칭호를 받은 김종태, 사상누각이나 다름없는 그 숙부를 이론으로 뒷받침해 기둥노릇을 한 김질락, 그 세 사람 젊은 시절 행적은 사라지고 말았다. 그 생각을 할 때마다 내 머릿속에는 향토사연구회가 뒤따른다. 미안한 말이지만, 나는 오래 전부터 영천향토사연구회를 두고 근현대사는 적산가옥 뒷골목에 파묻어놓은 채 왕조의 기왓장만 뒤적거린다고 말하곤 했다. 향토사연구회라면 적어도 일제강점기와 남북전쟁까지 영천사람들이 살아냈던 역사를 구술과 채록이라는 과정을 거쳐 기록해야 하지 않겠는가. 그들은 여전히 근현대사를 건드릴 수 없는 성역으로 치부해버린다. 이런 현상 역시 '영남 무림' 시대와 단절하지 못한 이유 때문이겠지만.

나는 불과 몇 년 전만해도 영천과 영천사람들을 이렇게 애틋하게 바라보리라고는 상상하지 못했다. 지난 한

해 동안 일제강점기 때 영천읍내를 가로지른 옛28번 국도와 그 도로가 거느린 골목골목을 참 많이도 거닐었다. 군청과 경찰서가 있어 80년대 중반까지도 은성했던 거리, 드문드문 적산가옥과 양철문이 있는 낡은 거리를 걷는 동안 숱한 이름들을 떠올렸다. 그들은 주로 일제강점기와 해방 후 격동기를 살아낸 사람들이다. 그래서 그 이름들을 이 누추한 거푸집에서 불러보았다. 일흔 명이 넘는 이름들 중에 생존해 있는 사람은 단 네 명 뿐이다. 그럴 수밖에 없었다.

낫날 디룻 듯 장대비가 쏟아진다. 칠흑같이 어둔 새벽 한 시가 지난 때, 몇 년 만에 찾아온 유월장마가 몹시 거칠다. 빗소리에 잠이 깨 밖으로 나와 외등을 켜놓았다가 끄고 복숭아 작업장 한편에 앉아 하염없이 쏟아지는 빗줄기만 바라보며 나뭇잎 두들기는 빗소리를 노다지 맞고 있는 나도 그대로 한 채 적막이다. 빗소리가 우주 삼라만상을 마구잡이로 두들겨 팬다. 세상은 빗소리 속에 갇혀 흔적도 없다는 생각이 들었을 때, 문득 담배를 꺼내 물었지만 불을 켤 엄두는 나지 않는다. 한바탕 한기가 등줄기를 덮쳤고 나는 부르르 몸을 떤다. 포도밭에 고인 물이 염려가 되었을까, 이따금씩 집 앞으로 밧줄처럼 굵은 빗줄기를 언뜻언뜻 비춰주며 1톤 트럭 불빛이 지나간다. 빗줄기는 팔만사천 발이나 되는 오랏줄 같다. 저 오랏줄이면 세상을 다 묶고도 여유가 있겠다.

언제 그랬느냐는 듯이 갑자기 빗소리가 잦아지고 있다. 기다렸다는 듯이 개구리 울음소리가 와그르르 몰려온다. 나는 손전등을 켜서 복숭아밭 끝에 있는 개울로 나가 본다. 개울에는 황톳물이 동당발을 굴리며 콸콸 흘러간다. 누군가가 밭으로 나가는가. 어둠을 컹컹 물어뜯는 앞집 개 짖는 소리 속으로 자전거를 타고 지나가는 모습이 보인다. 비 때문에 잠을 설친 농사꾼들 새벽이 물에 퉁퉁 불은 채로 부산해진다.

만인시인선 58

영천아리랑

초판 1쇄 2016년 9월 10일
초판 2쇄 2017년 8월 5일

지은이 / 이 중 기
펴낸이 / 박 진 환

펴낸 곳 / 만인사
출판등록 / 1996년 4월 20일 제03-01-306호
주소 / 41960 대구광역시 중구 명륜로 116
전화 / (053)422-0550
팩스 / (053)426-9543
전자우편 / maninsa@hanmail.net
홈페이지 / www.maninsa.co.kr

ISBN 978-89-6349-093-9 03810

값 8,000원

* 이 도서의 국립중앙도서관 출판시도서목록(CIP)은 서지정보유통지원시스템 홈페이지(http://seoji.nl.go.kr)와 국가자료공동목록시스템(http://www.nl.go.kr/kolisnet)에서 이용하실 수 있습니다(CIP제어번호 : CIP2016021209).

만/인/시/인/선

1. **이하석** 시집 | 高靈을 그리다
2. **박주일** 시집 | 물빛, 그 영원
3. **이동순** 시집 | 기차는 달린다
4. **박진형** 시집 | 풀밭의 담론
5. **이정환** 시집 | 원에 관하여
6. **김선굉** 시집 | 철학하는 엘리베이터
7. **박기섭** 시집 | 하늘에 밑줄이나 긋고
8. **오늘의 시 동인** | 「오늘의 시」 자선집
9. **권국명** 시집 | 으능나무 금빛 몸
10. **문무학** 시집 | 풀을 읽다
11. **황명자** 시집 | 귀단지
12. **조두섭** 시집 | 망치로 고요를 펴다
13. **윤희수** 시집 | 풍경의 틈
14. **장하빈** 시집 | 비, 혹은 얼룩말
15. **이종문** 시집 | 봄날도 환한 봄날
16. **박상옥** 시집 | 허전한 인사
17. **박진형** 시집 | 너를 숨쉰다
18. **정유정** 시집 | 보석을 사면 캄캄해진다
19. **송진환** 시집 | 조롱당하다
20. **권국명** 시집 | 초록 교신
21. **김기연** 시집 | 소리에 젖다
22. **송광순** 시집 | 나는 목수다
23. **김세진** 시집 | 점자블록
24. **박상봉** 시집 | 카페 물땡땡
25. **조행자** 시집 | 지금은 3시
26. **박기섭** 시집 | 엮음 愁心歌
27. **제이슨** 시집 | 테이블 전쟁
28. **김현옥** 시집 | 언더그라운드
29. **노태맹** 시집 | 푸른 염소를 부르다
30. **이하석 외** | 오리 시집